Elisabeth Lange

15-Minuten-Gerichte für Diabetiker

midena

Inhalt

Schnelle Fleisch- und Fischgerichte 68

Desserts und Getränke 78

Vorräte für die schnelle Küche 86

Wichtiger Hinweis

Die Nährwertangaben in diesem Buch wurden sorgfältig berechnet. Bei jedem Rezept finden Sie Angaben zum Gesamtgehalt an Kohlenhydraten. BE, also Brot- oder Berechnungseinheiten, beziehen sich nur auf blutzuckererhöhende Kohlenhydrate. Gemüse, Salate, Hülsenfrüchte, Nüsse und Zuckeraustauschstoffe wurden deshalb bei BE-Angaben nicht mitberechnet.

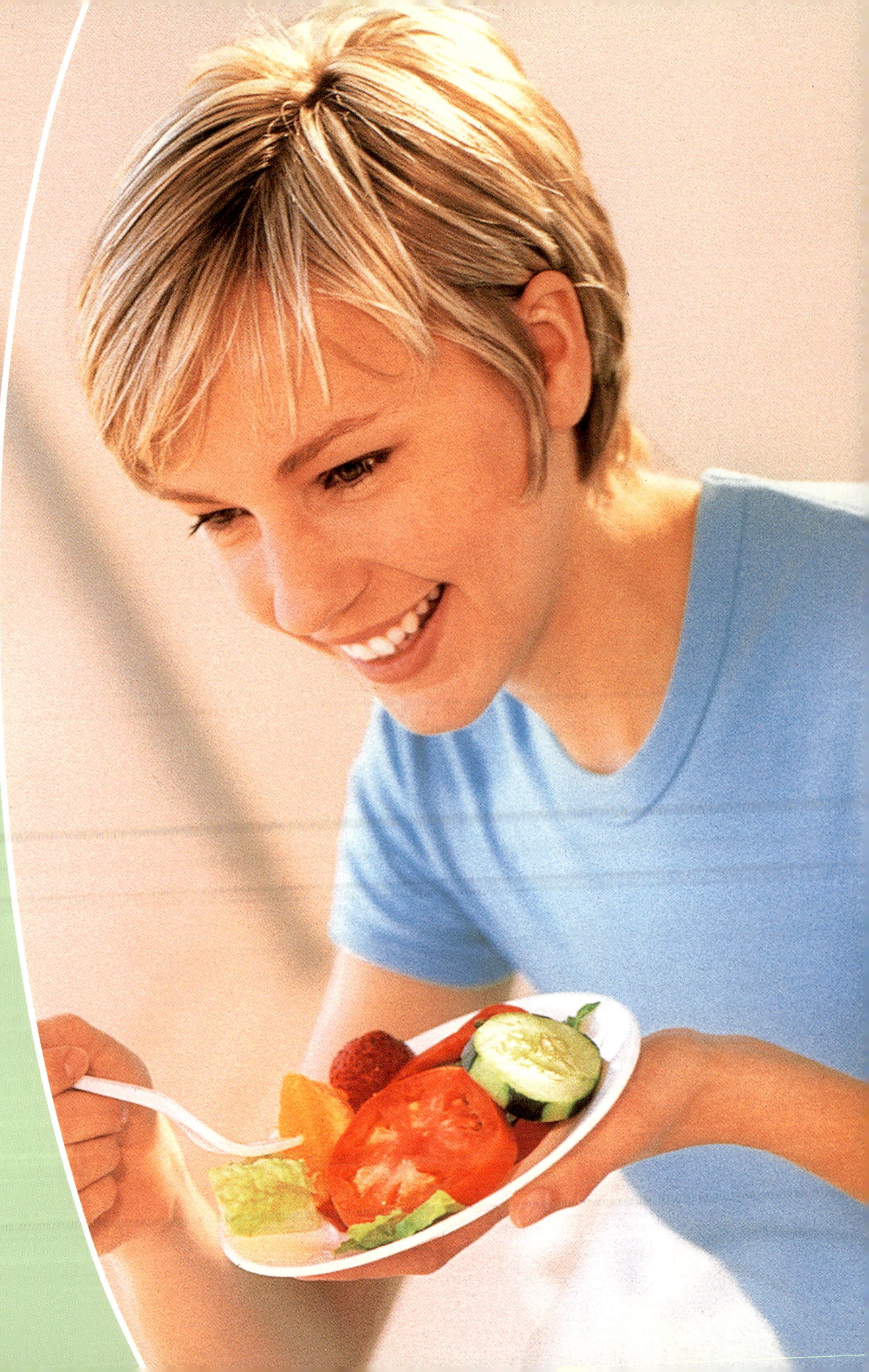

Grundlagen

Diagnose Diabetes. Geht jetzt der Stress
mit einer aufwändigen Diät los? Nein.
Wenig Zeit ist längst keine Ausrede mehr
für leichtsinnige Essgewohnheiten. Neue
Erkenntnisse der Wissenschaft und die
ausgeklügelten Blitzrezepte dieses
Buches machen Erkrankten und ihren
Angehörigen das Leben leicht. Sogar
Fertigprodukte sind erlaubt! Mit gesunden Zutaten kombiniert, sorgen sie dafür,
dass der Stoffwechsel in der Balance
bleibt. Das beweist auch die Nährstoff-
bilanz, die jedes Rezept mitbringt.
Wohlfühl-Essen kann im Handumdrehen
auf dem Tisch stehen.

Wohlfühl-Diät für Diabetiker

Mediziner, Molekularbiologen und Ernährungswissenschaftler erforschen seit Jahren mit großem Engagement, wie Diabetes, im Volksmund Zuckerkrankheit genannt, entsteht und wie man die vielfältigen Spätfolgen verhindern kann. Diabetes ist kein seltenes Phänomen: Etwa 20 Prozent der Bevölkerung sind erblich vorbelastet, sie tragen die Veranlagung zu einem gestörten Stoffwechsel in ihren Genen.

Vorsicht bei familiärer Vorbelastung

Die ersten Anzeichen von Diabetes sind eher unspezifisch, so dass die Betroffenen sie oft über lange Zeit nicht bemerken. So mancher verbucht frühe Signale wie etwa anhaltende Müdigkeit unter »zu viel Stress« oder »lange keinen Urlaub gehabt«. Diabetes tut nicht weh! Leider, könnte man sagen, denn sonst würden Patienten und Ärzte die schleichende Krankheit früher feststellen und konsequenter behandeln. Ein möglicher Hinweis auf eine beginnende Zuckerkrankheit wäre ein schwankender und erhöhter Blutzuckerspiegel, der allerdings von vielen Ärzten kaum beachtet wird. Menschen, in deren Familie Diabetes gehäuft auftritt, sollten vorsichtshalber mindestens einmal pro Jahr zum Arzt, um ihren Nüchternblutzucker überprüfen zu lassen. Nur so haben sie die Gewähr, dass ihr Leiden bereits im Anfangsstadium erkannt und therapiert wird.

Zu viel des Guten

Diabetes ist nicht gleich Diabetes, es gibt zwei verschiedene Erscheinungsformen. Typ-I-Diabetiker, die jung erkanken, sind fast immer schlank. Beim Typ-II-Diabetes dagegen bereitet das »gute Leben« mit üppigem Essen und chronischem Bewegungsmangel der Krankheit den Boden. Übergewicht gilt dabei als wichtigster Auslöser für die Krankheit. Der angegriffene Stoffwechsel stellt zwar genug von dem für die Verarbeitung der Kohlenhydrate (Zucker oder Stärke) notwendigen Hormon Insulin her, kann es aber nicht verwerten. Die Zellen ignorieren das Hormon und weigern sich, den Zucker aus der Nahrung in Energie umzuwandeln. Darum fühlen sich Diabetiker oft sehr erschöpft. Selbst wenn sie viel zu viel Energie mit dem Essen aufnehmen, leiden ihre Zellen Mangel. Denn je mehr Zucker nach einer Mahlzeit im Blut auftaucht, desto mehr Insulin produziert der Körper. Und je mehr Insulin im Blut schwimmt, desto weniger reagieren die Zellen. Fachleute bezeichnen dieses Dilemma als »Insulinresistenz«.

Warum steigt der Blutzucker an?

Nahrungsmittel und Getränke müssen in ihre kleinsten Bestandteile, die Moleküle der Nährstoffe, zerlegt werden, bevor sie für unseren Körper verfügbar sind. Aus den meisten kohlenhydratreichen Lebensmitteln entsteht am Ende dieses Prozesses Glukose (Traubenzucker), die schließlich ins Blut gelangt. Damit steigt der Blutzuckerspiegel. Der gesunde Organismus produziert daraufhin genügend Insulin, um den Blutzucker auf »normale« Werte von 60 bis 100 Milligramm/Deziliter zu senken. Beim Zuckerkranken versagt dieser Regulationsmechanismus und so nimmt der Zuckergehalt des Blutes unaufhaltsam zu. Schwimmen mehr als 160 bis 180 Milligramm Zucker im Blut, muss der Körper den Überschuss des energiereichen Stoffes loswerden. Die Nieren filtern den überflüssigen Zucker (Glukose) aus dem Blut und scheiden ihn mit dem Urin aus. Lässt sich per Teststreifen aus der Apotheke Zucker im Harn feststellen, ist der Stoffwechsel bereits erheblich gestört.

Die liberalen neuen Diät-Regeln

Vor wenigen Jahren einigten sich amerikanische und europäische Diabetes-Experten nach langen Beratungen auf neue Ernährungsempfehlungen für Diabetiker. Sie beruhen auf der wissenschaftlichen Erkenntnis, dass eine strenge Diabetes-Diät, wie sie über Jahrzehnte gefordert wurde, nicht mehr nötig ist. Dazu zählt auch das Zuckerverbot. Diabetiker dürfen Zucker essen, da Forscher in aller Welt eindeutig belegen konnten, dass

GRUNDLAGEN

Haushaltszucker den Blutzuckerspiegel nicht negativer beeinflusst als stärkereiche Lebensmittel. Auch die strenge Kalorienrechnerei wurde abgeschafft. Vielmehr kommt es bei der Energiezufuhr darauf an, wie viel Sie sich bewegen. Wenn Sie Ihre Muskeln kräftig anstrengen, verbraucht Ihr Körper viel Energie und Sie dürfen entsprechend energie- bzw. kalorienreich essen. Fitnessbewusste dürfen also den Teller großzügiger füllen als Bewegungsmuffel.

Richtlinien für Ihre gesunde Ernährung:

- **Kalorien oder Joule brauchen nicht mehr abgezählt zu werden.**
  Nur für die Insulintherapie ist es nötig, die Menge der Kohlenhydrate bzw. Broteinheiten zu berechnen. Alle Rezepte dieses Buches enthalten die notwendigen Angaben.
- **Der natürliche Appetit bestimmt die Essportionen.**
  Wer übergewichtig ist, sollte nicht hungern, sondern versuchen, durch fettarme Nahrungsmittel und ausreichend Bewegung sein Gewicht langfristig zu senken.
- **Zucker ist nicht mehr verboten!**
  Zucker hatte lange Zeit den Ruf als Dickmacher Nummer eins. Es hieß sogar, er verursache Diabetes. Alles falsch! Heute weiß man, dass Süßes kein Auslöser für Diabetes ist und zum Übergewicht weniger beiträgt als Fett. Deshalb gilt: Zucker in Maßen ist erlaubt. Sie sollten allerdings nicht mehr als 10 Prozent Ihrer täglichen Energie in Form von Zucker aufnehmen. In der Praxis heißt das: Wer einen (gängigen) Bedarf von etwa 2000 Kalorien pro Tag hat, darf sich innerhalb seiner Mahlzeiten bis zu 200 süße Kalorien, also etwa 50 Gramm Zucker (Saccharose), gönnen. Das ist eine großzügige Regelung, die auch für gesunde Menschen gilt.
- **Zum Sattessen sind ballaststoff- und kohlenhydratreiche Lebensmittel da.**
  Gemüse, Hülsenfrüchte, Getreideprodukte und Obst sollen den Nährstoffbedarf zu mehr als der Hälfte (50 bis 60 Prozent) decken. Für erfahrene Typ-II-Diabetiker wird diese »legere« Empfehlung wie ein Schock wirken. Viele von ihnen haben sich über Jahre mühsam daran gewöhnt, mit Bleistift und Briefwaage jedes Gramm Kohlenhydrate genau zu kalkulieren und meist

sogar noch in BE zu berechnen. Broteinheiten oder Berechnungseinheiten sind zwar offiziell abgeschafft, die Begriffe werden aber von vielen Ärzten und Kliniken auch weiterhin verwendet, vor allem, wenn es um die Berechnung der erforderlichen Insulinmenge geht. 1 BE entspricht 12 Gramm Kohlenhydraten.

Beim Fett engagiert sparen und auf Qualität achten!

Nicht mehr als ein knappes Drittel (30 Prozent) der Kalorien soll vom Fett stammen. Die jahrelang hochgelobten mehrfach ungesättigten Fettsäuren (z. B. aus Distelöl) müssen Sie nun auf 10 Prozent Ihrer Energieaufnahme begrenzen. Das gleiche gilt für gesättigte Fettsäuren, die vor allem in tierischen Lebensmitteln enthalten sind. Wenn Sie zu viel davon verwenden, können Ihre Blutfettwerte ansteigen, was nicht erwünscht ist.

Eiweißreiche Lebensmittel wie Fleisch und Käse mäßig und bewusst einplanen.

Der Anteil an Nahrungsproteinen sollte zwischen 10 und 20 Prozent der aufgenommenen Gesamtenergie liegen. Bei einem 2000-Kalorien-Budget sind das 200 bis 400 Kalorien. Auch wenn Sie Fleisch- und Milchprodukte sehr sparsam verwenden, müssen Sie nicht mit Eiweißmangel rechnen – kohlenhydratreiche Lebensmittel wie etwa Hülsenfrüchte, Getreide und Kartoffeln liefern reichlich pflanzliches Eiweiß mit.

Diätprodukte mit Vorsicht genießen!

Diätprodukte sind teuer und entsprechen leider den Anforderungen einer gesunden Lebenweise für Stoffwechselkranke meist nicht. Pralinen, Kuchen und das große Sortiment an Diabetiker-Süßigkeiten enthalten beispielsweise überreichlich Fett, andere Lebensmittel (z. B. Plätzchen oder Puddingpulver) unterscheiden sich von üblichen Produkten nur durch die Verwendung von Süßstoff oder Fruchtzucker statt des herkömmlichen Haushaltszuckers.

Fünf Schritte zum stabilen Blutzucker

1. Essen Sie reichlich Kohlenhydrate aus Vollkorngetreide, Obst und Gemüse.
2. Geizen Sie mit Fett.
3. Genießen Sie Fleisch und Käse in kleinen Mengen.
4. Süßen Sie vorsichtig.
5. Halten Sie Maß beim Alkohol.

GRUNDLAGEN

Was sind eigentlich Kohlenhydrate?

Zur großen Gruppe der Kohlenhydrate gehören alle Arten von Zucker, aber auch Stärke und die meisten Ballaststoffe. Ein Zucker kann aus nur einem Molekül bestehen wie etwa der Traubenzucker (Glukose) oder aus mehreren Molekülen zusammengesetzt sein.

Beim üblichen Haushaltszucker und etlichen anderen Zuckerarten sind beispielsweise zwei Moleküle verknüpft. Zucker zählt zu den »schnellen« Kohlenhydraten, ist also leicht verdaulich. Stärke hingegen bildet längere Ketten von Molekülen, die manchmal sogar noch verzweigt sind. Sie bereitet unseren Verdauungsenzymen deutlich mehr Arbeit als der Zucker.

Molekülketten von Ballaststoffen sind so fest und dicht miteinander verknüpft, dass unsere Verdauungssäfte überhaupt nicht in der Lage sind, sie in einzelne »Zuckerstückchen« zu zerlegen. »Langsam« werden Kohlenhydrate vor allem dann, wenn sie wie etwa bei Gemüse, kernigem Brot oder Müsli fest in ein Gerüst aus Ballaststoffen eingebettet sind. Unser Verdauungsapparat kann sie dann nur ganz allmählich verdauen und der Blutzuckerspiegel bleibt lange konstant. Auch gekochte oder gekeimte Hülsenfrüchte und ganze Getreidekörner sind typische Vertreter dieser günstigen Gruppe von Kohlenhydraten: Sie sättigen über viele Stunden und liefern genug Energie, um den Organismus in Trab zu halten.

Wenn der Blutzuckerspiegel hochschießt

Einige Lebensmittel wie etwa ein weißes Brötchen ohne Belag oder ein Löffel Zucker baut unser Verdauungssystem in so kurzer Zeit ab, dass der Blutzuckerspiegel sofort hochschnellt. Experten sagen: Diese Lebensmittel besitzen einen hohen glykämischen Index und bewirken eine drastische Reaktion des Blutzuckers. Andere Speisen werden von den Verdauungssäften erst nach und nach zerlegt. In diesem Fall geht der enthaltene Zucker (Glukose) gemächlich und gleichmäßig ins Blut über und hält entsprechend lange vor. Solche Speisen weisen einen niedrigen glykämischen Index auf. Kohlenhydrate haben also –

je nachdem, in welchem Lebensmittel sie stecken – unterschiedliche Wirkungen auf Blutzucker, Hunger und Insulinausschüttung. Deshalb ist es für Diabetiker, die kein Insulin nehmen, sinnvoll, ihre Mahlzeiten so zusammenzustellen, dass der Blutzuckerspiegel lange stabil bleibt.

Ballaststoffreiche Lebensmittel regulieren den Blutzuckerspiegel und machen satt

Die Blutzuckerantwort – nicht immer gleich

Zwei Arten von Lebensmitteln verhindern »Blutzuckerspitzen«: fette und ballaststoffreiche. Enthält ein Gericht viel Fett, dauert es lange, bis der Magen sich entleert und die Kohlenhydrate nach und nach über den Dünndarm ins Blut gelangen. Ballaststoffe verlangsamen die Verdauung ebenfalls und sorgen für eine allmähliche kontinuierliche Aufnahme des Zuckers. Weil der Stoffwechsel des Diabetikers auf einen hohen Anteil an gesättigten Fetten (z. B. aus Butter oder Wurst) negativ reagiert und zu viel mehrfach ungesättigte Fettsäuren (z. B. aus Distelöl) ebenfalls nachteilig wirken, bleiben nur die einfach ungesättigten (z. B. aus Raps- und Olivenöl), um den Anstieg des Blutzuckers zu bremsen. Vor allem schlanke Diabetiker mit erhöhtem Triglyceridspiegel sollten einen Teil ihrer Kohlenhydrate durch Öle mit hohem Gehalt an einfach ungesättigten Fettsäuren ersetzen. Am besten erkundigen Sie sich bei Ihrem Arzt nach Ihren Laborwerten und probieren gegebenenfalls aus, ob Ihr Blutzuckerspiegel stabiler wird, wenn Sie z. B. anstelle einer zusätzlichen Scheibe Brot einen Löffel Olivenöl oder Rapsöl mehr verwenden.

Für alle anderen Diabetiker sind Ballaststoffe das Mittel der Wahl, wenn es darum geht, den Blutzucker stabil zu halten. Lebensmittel mit »schnellen« Kohlenhydraten, die den Blutzuckerspiegel innerhalb kürzester Zeit hochfahren lassen, wie etwa Weißbrot, Konfitüre, Kartoffelpüree, Haushaltszucker, Limonade oder weißen Reis, ergänzen Sie deshalb am besten mit ballaststoffreichen Zutaten (siehe Übersicht Seite 21).

Oder Sie bauen die schnellen Kohlenhydratlieferanten wohldosiert in Ihre Mahlzeiten ein. Zusammen mit etwas Fett und Ballaststoffen aus anderen Lebensmitteln bleibt der Anstieg des Blutzuckers dann gering, weil das komplette Essen den Magen nicht so schnell verlässt wie die einzelne Zutat.

Das empfehle ich Ihnen

Planen Sie Gemüse, Hülsenfrüchte und Getreide bei jeder Mahlzeit ein. Der glykämische Index all dieser Lebensmittel ist niedrig. In Kombination mit allzu leicht verdaulichen Fertigprodukten bremsen sie den Anstieg Ihres Blutzuckerspiegels.

Lebensmittel und ihr glykämischer Index

- Über 80: Sehr hoher glykämischer Index
  Traubenzucker, Cornflakes, Malzzucker, weißer Reis, in der Schale gebackene Kartoffeln (Baked Potatoes)
- 65 bis 80: Hoher glykämischer Index
  Weissbrot, Toast, Vollkornbrot, Kartoffelpüree, Pellkartoffeln, Salzkartoffeln, Honig
- 50 bis 65: Mittlerer glykämischer Index
  Ananas, Bananen, Trauben, Schokolade, Müsli, Roggenvollkornbrot, Orangensaft, Eiscreme, Hafer, Basmatireis, Vollkornreis, Hartweizennudeln
- Unter 50: Tiefer glykämischer Index
  Milchprodukte, Paraboiled Reis, Getreidekörner (unzerkleinert), Linsen, Bulgur, grüne Bohnen, Äpfel, Fruchtzucker, Erdnüsse, Eiernudeln

Unverdauliches hält den Blutzucker stabil

Von grob geschrotetem Getreide bleibt nach der Reise durch den Dünndarm mehr Unverdautes übrig als von fein gemahlenem Mehl, weil die Verdauungssäfte die groben Partikel nicht schnell genug kleinkriegen. Auch an den kräftigen Schalen der Hülsenfrüchte haben die Enzyme so sehr zu »knabbern«, dass ein erheblicher Teil der Stärke als »Ballaststoff« unverdaut im Dickdarm landet. Diese »resistente«, also unverdauliche Stärke wurde erst 1982 aufgespürt. Experten bemerkten außerdem, dass sich ein Teil der Stärke aus Kartoffeln, Brot und Nudeln durch Kochen und anschließendes Wiederabkühlen (unter 50 Grad Celsius) so verändert, dass unsere Verdauungssäfte im Dünndarm sie nicht auflösen können. Resistente Stärke wird damit zum Ballaststoff. Für die schnelle Küche im Alltag heißt das: Beim Kartoffel-, Reis- und Nudelkochen ruhig die doppelte Menge garen und für die nächste Mahlzeit aufheben. Aufgewärmt enthalten diese stärkehaltigen Sattmacher erheblich mehr Ballaststoffe als frisch gekocht. Und praktisch ist es außerdem!

Alkohol: Wo liegt die Promillegrenze?

Diabetiker müssen keinesfalls ganz auf den Genuss von alkoholischen Getränken verzichten, darüber sind sich die Experten einig. Ein bis zwei Gläschen Wein zum Essen, also $1/4$ Liter für Männer (20 g Alkohol) und $1/8$ Liter für Frauen, gelten dabei allgemein als unbedenklich. Wer sich allerdings regelmäßig größere Mengen Alkohol genehmigt, tut seinem Körper keinen Gefallen, denn: Alkohol macht dick. Schon durch ein, zwei Gläschen Wein am Abend wird die Fettverbrennung für mehrere Stunden blockiert.

Wichtiger Hinweis

Diabetiker, die blutzuckersenkende Medikamente (Sulfonylharnstoffe) oder Insulin bekommen, sollten sich alkoholische Getränke – auch in sehr kleinen Mengen – immer nur zusammen mit einer kohlenhydrathaltigen Mahlzeit gönnen, andernfalls droht Unterzuckerung.

Figurbewusst essen

Typ-II-Diabetiker haben oft mehr Hunger als gesunde Menschen und essen folglich auch besonders gern. Das liegt am Insulin. Weil jedes zusätzliche Pfund Körpergewicht Insulin benötigt, ist es wichtig, mit allen Tricks gegen überschüssige Pfunde anzugehen. Wer seinen Lebensstil anpasst, kann mit etwas Geschick viel für seine Gesundheit tun:

- Überlegen Sie, welche liebgewonnenen Essgewohnheiten Sie ablegen wollen. Beispiel: Sie haben bisher dick Butter oder Margarine auf hauchdünne Brotscheiben geschmiert. Drehen Sie den Spieß einfach um und streichen Sie jetzt wenig Fett auf dickere Scheiben. Essen Sie ansonsten weiter, wie Sie es gewohnt sind, bis Sie sich an diese Veränderung gewöhnt haben und gut damit zurechtkommen. Erst dann nehmen Sie sich eine weitere Veränderung vor.
- Beginnen Sie Ihre Hauptmahlzeiten mit einem Salat oder einem Teller klarer Suppe. Die Sättigung tritt dann schon während des Essens ein. Fühler (Dehnungsrezeptoren) in Mund, Magen und Dünndarm überprüfen, ob genug auf dem Teller war, um »den ersten Hunger« zu stillen. Hier macht es also vor allem die Masse und die ist üppig, wenn viel Flüssigkeit im Essen steckt, wie eben in Suppen und Salaten.
- Werden Sie zum Genießer. Essen Sie nicht einfach, was auf den Tisch kommt, sondern machen Sie es wie ausgefuchste Feinschmecker: Seien Sie wählerisch, kaufen Sie hochwertige Zutaten, auch wenn sie etwas teurer sind. Planen Sie Ihr Essen rechtzeitig.
- Gönnen Sie sich hin und wieder etwas Luxus wie etwa feinen Fisch, Krustentiere, Edelpilze oder ein mageres Stück Wild. Auch wenn es ausnahmsweise mal ein dickes Stück Kuchen sein muss, bitte schön. Freuen Sie sich darauf und lassen Sie es sich in aller Ruhe schmecken. Wer immer nur kontrolliert isst, wird früher oder später unzufrieden und schlägt beim nächsten Heißhungeranfall gewaltig über die Stränge.
- Finger weg von Abmagerungskuren!
  Hungern ist für Diabetiker gefährlich. Außerdem: Wer eine Kur

beginnt, beendet sie auch irgendwann wieder. Wer jedoch erfolgreich abnehmen möchte, muss seine Lebensweise und seine Essgewohnheiten dauerhaft verändern.

- Lassen Sie sich nicht entmutigen. Das eigene Essverhalten umzustellen ist wirklich schwer – selbst für sehr disziplinierte Menschen. Veränderungen brauchen Zeit und Geduld. Freuen Sie sich über jeden Tag, an dem es Ihnen gelungen ist, alte Gewohnheiten über Bord zu werfen. Sie haben allen Grund, stolz auf sich zu sein. Weil die konsequente Umstellung der Ernährungsgewohnheiten viel Ausdauer erfordert, ist ein kleiner Ausrutscher keine Katastrophe und bestimmt kein Anlass aufzugeben und wieder in überkommene Verhaltensmuster zu verfallen.
- Gehen Sie so viel wie möglich zu Fuß. Marschieren Sie in flottem Schritt pro Tag mindestens eine halbe Stunde. So viel Zeit kann jeder in seinen Tagesablauf einplanen. Darüber hinaus ist jedes Mittel recht, sich in Schwung zu bringen. Verzichten Sie auf den Fahrstuhl und benutzen Sie stattdessen lieber die Treppe. Gehen Sie schwimmen, radfahren, rudern oder joggen. Durch Bewegung kommt der Kreislauf auf Touren, das Insulin wirkt besser und Fettreserven werden verbrannt. Langfristig treten Muskeln an die Stelle der lästigen Fettpolster. Ihr Körper wird schlanker, straffer und schöner. Nicht zuletzt hebt Bewegung die Laune, macht vital und aktiv.

Wichtig für Diabetiker: Folsäure

Dieses lebenswichtige Vitamin ist längst nicht so bekannt wie Vitamin C und kaum ein Laie weiß, in welchen Lebensmitteln es enthalten ist. Doch Diabetiker, die ihre Gefäße gesund erhalten möchten, sollte sich mit diesem stiefmütterlich behandelten Vitamin anfreunden. Bekommt Ihr Körper zu wenig davon, zeigt sich ein Stoff im Blut, der heute als einer der großen Risikofaktoren für Schlaganfälle gilt: das Homocystein. Jüngste Forschungen ergaben, dass bei manchen Menschen die Gefäße deshalb früher verkalken, weil ihr Stoffwechsel über lange Zeit mit zu knappen Folsäuremengen auskommen musste.
Leider ist Folsäure besonders empfindlich. Sie löst sich leicht

GRUNDLAGEN

im Kochwasser und verschwindet ungenutzt im Ausguss. Das Vitamin ist derart anfällig gegen Wärme, Licht und Sauerstoff, dass man die entsprechenden Lebensmittel bei Lagerung, Transport und Zubereitung mit großer Sorgfalt behandeln muss. Das heißt im Küchenalltag: Gemüse im Ganzen waschen, erst dann kleinschnippeln. Alles in wenig Wasser oder im Dampf garen und die Kochflüssigkeit mitverwenden.

Wer auf Restaurant- und Kantinenmahlzeiten angewiesen ist oder oft Aufgewärmtes zu sich nimmt, muss schlimmstenfalls damit rechnen, dass 90 Prozent der ursprünglich enthaltenen Folsäure verschwunden sind, bevor das Essen auf den Tisch kommt. Der tägliche Folsäurebedarf eines Durchschnittsmenschen liegt bei etwa 300 Mikrogramm. Daher raten einige Experten Diabetikern, die auf Gemeinschaftsverpflegung angewiesen sind, vorsichtshalber ein Folsäurepräparat aus der Apotheke einzunehmen.

Eine Auswahl folsäurereicher Lebensmittel

100 Gramm Lebensmittel	Mikrogramm Folsäure
Bierhefe	3170
Algen, getrocknet	1840
Gänse- und Entenleber	700 bis 750
Weizenkeime	520
Hähnchenleber	380
Weizenkleie	330
Weiße Bohnen, Linsen, Erbsen	210 bis 245
Sojasprossen	160
Wirsing	187
Rosenkohl	182
Spinat	145
Blumenkohl	125
Petersilie	116
Brokkoli	111
Spargel	108
Lauch	103

Schnelle Küche
für Diabetiker

Nicht jeder Mensch kommt mit ausgeklügelten Kostplänen, Austauschtabellen und Diätgeboten zurecht. Und manch einer fühlt sich davon bevormundet und in seiner Lebensqualität massiv eingeschränkt. Vielleicht gehören Sie ja auch zu den Menschen, die sich individuell ernähren möchten – mit Gerichten, deren Zubereitung Spaß macht und die den Gaumen befriedigen. Die Frage, ob Sie Fertigprodukte verwenden möchten oder nicht, hängt davon ab, wie viel Zeit Sie für das Kochen aufwenden können oder wollen. Vorgefertigte Lebensmittel sind aus der Produktpalette unserer Supermärkte kaum mehr wegzudenken, so dass es schwer fällt, ganz auf sie zu verzichten. Ohne sie müssten wir nicht nur unsere Ernährung umstellen, sondern auch das Kochen neu erlernen. Im hektischen Arbeitsalltag hat ohnehin kaum jemand Zeit, lange in der Küche zu stehen. Auf eine bewusste Ernährung müssen Sie deshalb nicht verzichten. Viele Convenience-Produkte, wie Fertiggerichte auch genannt werden, lassen sich mit kleinen Tricks diabetesgerecht aufwerten. Ein Fertiggericht aus der Tüte, mit einer Portion Tiefkühlgemüse angereichert, ist vielleicht nicht ideal, aber allemal besser als eine Currywurst mit Pommes oder ein dick belegtes Baguettebrötchen. In den Rezepten dieses Buches haben wir versucht, die Nachteile der bequemen Produkte durch Zugabe von gesunden Ölen und frischen Zutaten auszugleichen.

Fünfmal täglich Buntes

Amerikanische Ernährungsexperten sind immer gut für griffige Ratschläge. Sie empfehlen, über den Tag verteilt fünfmal täglich Gemüse und Obst zu konsumieren. Im Alltag könnte das so aussehen: Zum Frühstück ein Apfel im Müsli, am Vormittag ein Glas Gemüsesaft als Zwischenmahlzeit, zum Mittag Salat und/oder Gemüse, am Nachmittag etwas Obst und am Abend noch einmal Gemüse oder Rohkost. Ganz einfach, aber sehr gesund!

Wer braucht Vitaminpillen?

Einige Fachleute empfehlen Diabetikern, spezielle Nahrungsergänzungsmittel einzunehmen. Dazu zählen alle B-Vitamine inklusive Folsäure, die Vitamine C und E, die Mineralstoffe Kalzium und Magnesium, außerdem die Spurenelemente Selen, Zink und Chrom. Zusätzliche Nährstoffe sind vor allem dann wichtig, wenn Sie in erster Linie Fertigprodukte verwenden, vorwiegend in Kantinen oder Restaurants essen oder insgesamt sehr wenig Nahrung zu sich nehmen. Einige Ernährungswissenschaftler lehnen Pillen und Pulver jedoch grundsätzlich als überflüssig ab und geben zu bedenken, dass es bisher keine gültigen Obergrenzen für die Zufuhr von Nahrungsergänzungsmitteln gibt. Sie müssen also selbst entscheiden, ob Sie entsprechende Präparate aus der Apotheke oder dem Drogeriemarkt kaufen und einnehmen möchten. Günstiger wäre es freilich, wenn es Ihnen gelänge, alle wichtigen Nährstoffe über die Lebensmittel abzudecken, die Sie täglich konsumieren.

Wichtiger Hinweis

Nehmen Sie niemals mehr als eine Tagesdosis – sie ist auf der Verpackung des entsprechenden Präparats angegeben – ein. Die fettlöslichen Vitamine A und D dürfen auf keinen Fall überdosiert werden. Sie reichern sich im Körper an, eine längerfristige Einnahme birgt sogar gesundheitliche Risiken. So können Vitamin-A-Pillen die Knochen mürbe machen (Osteoporose) und in der frühen Schwangerschaft das ungeborene Kind schädigen. Also: Nur nach Rücksprache mit dem Arzt einnehmen!

So machen Sie Fertigprodukte »gesund«

Die meisten Fertigprodukte sind besser als ihr Ruf, doch sie enthalten nicht selten mehr Fett, weniger Ballaststoffe und weniger B-Vitamine als frische, selbst zubereitete Gerichte. Der gravierendste Nachteil lange lagerfähiger Produkte: Sie werden fast immer mit ungünstigen harten Fetten hergestellt. Auf der Zutatenliste der Verpackung finden Sie sie häufig als »Pflanzenöle, gehärtet«, Rinderfett oder einfach als Pflanzenfett. Hartes Fett ist länger haltbar, weil es nicht so schnell ranzig wird wie Öl; dafür weist es aber einen überdurchschnittlich hohen Gehalt an gesättigten Fettsäuren auf, die den Stoffwechsel des Diabetikers belasten. Gehen Sie also bei Produkten, die über viele Monate haltbar sind, grundsätzlich von einer ungünstigen Fettzusammensetzung aus und nutzen Sie zum Ausgleich bei der Zubereitung Ihrer Gerichte hochwertige Pflanzenöle und -fette.

Fertigbackwaren wie Kuchen, süße Teilchen, Kekse und Torten, bestehen fast immer zu einem beachtlichen Teil aus gehärteten Fetten. Weil die Mischung aus viel Zucker und hartem Fett Zuckerkranken schlecht bekommt, lohnt es sich, selber zu backen. Vor allem Hefekuchen und Biskuit sind ideal, weil sie auch ohne viel Fett wunderbar schmecken. Rührteige geraten, selbst wenn im Rezept Butter angegeben ist, genauso gut mit Margarine.

Tipp

Backmischungen für Kuchen enthalten selten Fett. Das müssen Sie selbst hinzufügen. Verwenden Sie eine hochwertige Margarine, dann entlasten Sie Ihren Fettstoffwechsel. Die meisten Kuchenmischungen gelingen übrigens auch mit Pflanzenöl. In diesem Fall reichen etwa 80 Prozent der angegebenen Menge.

Gesundes Fett selbst zufügen

Viele Fertigprodukte werden »komplett« angeboten, das heißt es sind keine weiteren Zutaten erforderlich. Bei anderen wiederum müssen Sie noch Fett oder Milch hinzugeben. Als Diabetiker sollten Sie zu letzteren Produkten greifen, weil Sie bei der Zubereitung Menge und Qualität des verwendeten Fettes selbst in der Hand haben. Wenn Sie beispielsweise ein Kartoffelbreipulver kaufen, zu dessen Zubereitung Sie Milch zufügen müssen, können Sie entrahmte oder fettarme wählen. Ist bei einer Sauce laut Packungsaufschrift die Zugabe von 100 Gramm Butter erforderlich, nehmen Sie stattdessen lieber Diätmargarine, reduzieren die Buttermenge oder entscheiden sich für »halb und halb«. Ähnliches gilt für Bratfett, Sahne oder Crème fraîche, die Sie ohne weiteres durch fettärmere Zutaten ersetzen können. Es lohnt sich, beim Einkauf auf solche »halbfertigen« Produkte zu achten und selbst zu entscheiden, wie viel Fett Sie bei der Zubereitung verwenden möchten oder ob Sie lieber auf eine fettsparende Alternative umsteigen wollen. Vorgefertigte Gemüseburger oder Gemüsestäbchen werden ebenso wie Pommes frites oder Rösti erst durch das Braten bzw. Frittieren in Fett zur Kalorienbombe. Auch wenn es nicht auf der Packung steht, gelingt die fettarme Zubereitung im Backofen fast immer. Dazu fetten Sie ein beschichtetes Backblech und backen die Zutaten bei 200 bis 220°C. Mehrfach wenden nicht vergessen! Sinnvoll und praktisch ist auch die Verwendung von Backpapier.

Kartoffeln: doppelt gut

Kartoffeln sollten regelmäßig auf Ihrem Speiseplan stehen. Kalkulieren Sie die Portionen beim Kochen ruhig großzügig, denn Kartoffeln halten sich im Kühlschrank bis zu einer Woche und sind immer gut für einen schnellen Imbiss. Egal, ob in wenig Rapsöl in einer beschichteten Pfanne gebraten oder gewürfelt als Ergänzung für einen Salat. Eine fein zerdrückte Kartoffel macht z.B. auch die Salatsauce sämig und spart Öl oder Mayonnaise. Durch die Presse gedrückt mit Ei und Gemüse vermischt und gebraten, werden aus kalten Kartoffeln feine Gemüseplätzchen.

Ballaststoffe reichlich

Die für einen stabilen Blutzucker und einen gesunden Fettstoffwechsel unentbehrlichen Ballaststoffe sind leider Mangelware in den allermeisten Convenience-Produkten. Ausnahmen erkennen Sie sofort. Ein Blick auf die Nährwertangaben der Packung genügt: Werden Ballaststoffe an keiner Stelle erwähnt, müssen Sie in der Regel von einem sehr geringen Gehalt ausgehen. Aus diesem Grund sollten Sie zum Ausgleich beim Zubereiten von Schnellgerichten stets ballaststoffreiche Zutaten »untermogeln«. Anregungen für solche Tricks finden Sie im Rezeptteil. Dort haben wir fehlenden Ballast grundsätzlich ausgeglichen.

Ballaststoff – Hitliste

Nur pflanzliche Lebensmittel enthalten Ballaststoffe. In Fleisch, Fisch, Eiern, Butter, Käse oder Wurst, aber auch in Pflanzenölen und Zucker sind sie nicht enthalten. Die folgenden Produkte sind besonders reich an Ballast und deshalb ideal, um Fertigprodukte oder Selbstgekochtes aufzuwerten.

in 100 Gramm	Ballaststoffe
Oligofructose	95 g
Inulin	89 g
Pektin	74 g
Johannisbrotkernmehl	74 g
Weizenkleie mit Oligofructose	54 g
Weizenkleie	45 g
Leinsamen mit Oligofructose, Trockenfrüchten und Weizenkleien	41 g
Roggenkleie mit Oligofructose	37 g
Leinsamen	35 g
Erdmandelflocken (Chufanuss)	32 g
Haferkleie	30 g
Dicke Bohnen	28 g
Roggenkleie	28 g
Knäckebrot, ballaststoffreich	24 g
Kidneybohnen, getrocknet	21 g
Weizenkeime mit Oligofructose	19 g
Weizenkeime	18 g
Grüne Erbsen, getrocknet	18 g
Sojakerne, getrocknet	17 g
Sojamehl (Vollsoja)	17 g
Weiße Bohnen, getrocknet	17 g
Roggen	14 g
Hirse	13 g
Kichererbsen, getrocknet	12 g
Linsen, getrocknet	11 g
Erdnusskerne	11 g
Sesam	11 g

GRUNDLAGEN

Inulin gehört in jeden Haushalt

Lösliche Ballaststoffe verzögern die Aufnahme von Kohlenhydraten aus der Nahrung und verhindern so »Blutzuckerspitzen«. Die angenehmste Quelle dafür ist Inulin. Das feine weiße Pulver sieht ähnlich aus wie Zucker und verschwindet spurlos in Flüssigkeiten und Gerichten. Es stammt aus den Wurzeln der Zichorie (Chicorée), stärkt die Abwehrkräfte, unterstützt die Darmflora und fördert die Aufnahme von Mineralstoffen wie Eisen und Kalzium. Zu günstigen Preisen gibt es Inulin bisher nur im Versandhandel: Fastnet, Tel. 0 40 - 36 98 98 12 oder Spinnrad, Tel. 01 80 - 4 77 46 67; www.spinnrad.de.

Mit Süßstoffen geschickt umgehen

Wenn Sie Süßes lieben, dabei aber nicht zunehmen möchten, greifen Sie zu Süßstoffen und kalorienarmen Süßungsmitteln. Auf diese Weise ersparen Sie Ihrem Körper ein Übermaß an Zuckerkalorien. Im Handel werden inzwischen zahlreiche Lebensmittel angeboten, die eine Mischung aus Süßstoff, Kristallzucker und zuckerähnlichen Stoffen (z. B. Zuckeraustauschstoffe wie etwa Isomalt oder Sorbit) enthalten und besser schmecken als Produkte mit rein synthetischer Süße. Wenn Sie Ihren Heißhunger auf Süßes jedoch allein mit Süßstoff stillen möchten, werden Sie enttäuscht sein. Das Verlangen lässt sich mit dem zuckerähnlichen Geschmack auf der Zunge nicht befriedigen, da muss schon echter Zucker oder alternativ etwas Stärkehaltiges her. Kombinieren Sie am besten stärkehaltige und ballaststoffreiche Lebensmittel mit Süßstoff. Beispiel: Süßen Sie ein zuckerfreies Müsli (siehe Seite 32) mit Süßstoff. Die Stärke aus dem Getreide wird nach und nach in Zucker zerlegt und geht langsam und kontinuierlich ins Blut über. Auf diese Weise bleibt Ihr Kohlenhydrathunger für längere Zeit gestillt. Eine andere Möglichkeit, mit Süßstoff Energie bzw. Kalorien zu sparen: Schmecken Sie Süßspeisen zuerst mit Süßstoff ab und süßen Sie dann mit etwas Zucker nach. So kommen Zunge und Stoffwechsel gleichermaßen auf ihre Kosten.

Körner sind praktisch

Die ideale Ergänzung zu Fertigprodukten wie etwa Suppen oder Gemüsegerichten sind vorgegarte Körner. An ihnen haben unsere Verdauungssäfte einige Stunden »zu knabbern«. Sie halten den Blutzuckerspiegel bis zur nächsten Mahlzeit stabil und den Hunger im Zaum. Kochen Sie ruhig größere Portionen Getreide auf Vorrat. Wie einfach das geht, zeigen unsere Rezepte auf Seite 88 und 89.

Frisch gekocht halten sich Vollkornreis und Getreidekörner im Kühlschrank drei oder vier Tage. Dazu geben Sie das Getreide unmittelbar nach dem Kochen in einen Tiefkühlbeutel oder eine gut schließende Vorratsdose, lassen die noch heißen Körner in dem geschlossenen Behältnis abkühlen und stellen es anschließend in den Kühlschrank.

Extra-Tipp für Berufstätige

Im Alltag bleibt selten genug Zeit für langwierige Zubereitungsarten. Getreidekörner zu kochen macht kaum Arbeit. Es gilt nur, die langen Einweich- und Garzeiten geschickt einzuplanen. Weichen Sie die Getreidekörner über Nacht ein und kochen Sie sie während des Frühstücks 20 Minuten auf dem Elektroherd an. Anschließend im geschlossenen Topf auf dem abgeschalteten Herd stehen lassen. Vergessen Sie nicht, die Herdplatte abzustellen! Bis zum Abend ist das Getreide perfekt ausgequollen. Wer einen Gasherd benutzt, sollte den heißen Topf am besten in eine dicke Decke wickeln, damit die Wärme nicht zu schnell verloren geht.

In Salzwasser oder Brühe gekochtes Getreide lässt sich vielseitig verwenden. Mit geriebenem Käse und Kräutern angedünstet, ergeben alle Getreidesorten vollmundige Beilagen zu Gemüse, Fisch oder Fleisch. Zusammen mit einer Packung gemischtem Tiefkühlgemüse und etwas Brühe wird blitzschnell ein Eintopf daraus. Eine Hand voll Körner macht aus Rohkost-Teller und frischem Salat eine vollwertige Mahlzeit. Wenn Sie ein Freund von Süßspeisen sind, können Sie das Getreide auch mit Zucker oder Süßstoff und Anis oder gemahlener Vanille in Wasser garen. Süßes Getreide reichert Obstsalate, Quark- und Joghurtspeisen so an, dass sie lange sättigen und für einen stabilen Blutzucker sorgen.

GRUNDLAGEN

Gar- und Einweichzeiten von Getreide

Sorte	Einweichen	Garzeit in Minuten
Weizen	über Nacht	50 bis 60
Dinkel	über Nacht	50 bis 60
Grünkern	2 Stunden	40 bis 50
Roggen	über Nacht	60 bis 70
Gerste	5 bis 6 Stunden	35 bis 40
Hafer	nein, er wird bitter	30
Buchweizen	nicht nötig	20
Hirse	nicht nötig	20

Gute Geräte bringen Schwung in die Küche

Wer gegen die Uhr kocht und trotzdem anspruchsvoll essen möchte, investiert am besten in gute Haushaltsgeräte. Deren Konstrukteure haben sich so manches einfallen lassen, um den Kochvorgang zu beschleunigen. Vor allem die Mikrowelle gehört heute zur Grundausstattung. Zwar sind Bräunen, knuspriges Braten und Grillen in der Mikrowelle nicht möglich, doch beim schnellen Dünsten und Dämpfen zeigt das Gerät seine Qualitäten. Die elektromagnetischen Wellen erhitzen Lebensmittel blitzschnell, ohne den Umweg über Herdplatte und Topf. Nährstoffverluste und Energieverbrauch bleiben so auf ein Minimum beschränkt. Außerdem sparen Sie Fett! Wirklich fix geht die Sache aber nur bei kleinen Mengen. Faustregel: halbe Portionen – halbe Zeit, doppelte Portionen – doppelte Zeit. Weil Mikrowellen nur eine geringe Eindringtiefe aufweisen, sollten Sie die Zutaten in gleichmäßig kleine Stücke schneiden, andernfalls sind am Ende die dicken Stücke noch halbroh und die flachen bereits zerkocht. Je kleiner die Stücke sind, desto schneller werden sie gar. Kombinationsgeräte funktionieren genauso, sind aber vielseitiger: Sie haben einen Backofen mit Ober- und Unterhitze, Umluft und einen Grill. Hier wirken die Wellen als Beschleuniger bei den gewohnten Garmethoden. Beispiel: Sie benutzen den Grill für ein Hähnchen. Mit zugeschalteter Mikrowelle ist es etwa in der halben Zeit fertig.

Schnell dämpfen mit Druck

Der Schnellkochtopf ist in den letzten Jahren immer langsamer geworden. Das hat einen kulinarischen Hintergrund. Alte Modelle, damals noch Dampfdrucktöpfe genannt, arbeiteten mit drei Kochstufen, hohem Druck und Temperaturen von über 120 Grad. Dabei wurde zwar alles blitzschnell gar, aber auch matschig und geschmacklos. Die Vitamine verdampften regelrecht. Moderne Schnellkochtöpfe dämpfen deutlich schonender. Die Sicherheitsventile sind narrensicher und es wird erheblich weniger Druck erzeugt, also bei niedrigeren Temperaturen gekocht. Eine Schonstufe von 105 bis 107 Grad und die Normalstufe von 115 bis 119 Grad lassen Struktur, Aroma, Vitamine und Mineralstoffe der Lebensmittel weitgehend unbeschadet. Die Zeit- und Energieersparnis liegt immerhin noch bei 30 bis 70 Prozent. Je länger die Garzeit im üblichen Topf wäre, desto mehr Zeit sparen Sie beim Garen unter Druck.

Schnellkoch-Tipps für die Praxis

- Maximal zwei Tassen Flüssigkeit auf den Topfboden geben. Die Zutaten sollen mit der Flüssigkeit nicht in Berührung kommen, sondern ausschließlich im Dampf garen.
- Schnellkochtöpfe immer nur bis zu dem Punkt füllen, der in der Geräteanleitung angegeben ist. Sie könnten sich sonst beim Öffnen verbrühen. Aus dem selben Grund stark quellende oder schäumende Zutaten höchsten bis zur Hälfte in den Topf füllen.
- Die Zutaten möglichst gleichmäßig zerkleinern oder gleich große Stücke auswählen. Andernfalls sind kleine Happen bereits verkocht, wenn die größeren gerade den richtigen Biss haben.
- Es kommt auf jede Minute an. Also am besten den Küchenwecker stellen, sobald das Ventil anzeigt, dass der Kochvorgang beginnt.
- Bei Zutaten mit empfindlicher Struktur den Topf nicht unter kaltem Wasser abkühlen, sondern nach verkürzter Garzeit abwarten, bis der Druck fällt und das Ventil sich öffnen lässt. Das gilt insbesondere für Pellkartoffeln, die beim schockartigen Abkühlen aufplatzen, aber auch für Flans und Puddings, die leicht zusammenfallen.

GRUNDLAGEN

Ideal zum Garen im Schnellkochtopf

Schonstufe:
- Alle Gemüse mit mittlerer Garzeit wie z. B. grob zerkleinerte Möhren, Kohlrabi, Wirsing, Fenchel und Sellerie
- Unzerkleinerte grüne Bohnen, Rosenkohl und Schwarzwurzeln
- Salzkartoffeln und kleine Pellkartoffeln
- Ganzes Geflügel und Geflügelteile für Ragouts.

Normalstufe:
- Große Bratenstücke
- Sehnenreiche Fleischstücke wie Haxen, Putenunterkeulen, Hirsch- oder Lammstelzen
- Fleischgerichte mit langer Garzeit wie Gulasch oder Rouladen
- Steckrüben und Kohlgerichte
- Gemüse, die für Pürees weich gekocht werden sollen
- große Pellkartoffeln
- Hülsenfrüchte
- Getreide

Küchenhelfer, die Zeit sparen

Wer mit frischen Zutaten innerhalb von 15 Minuten ein Essen auf den Tisch bringen möchte, sollte es so machen wie die Hersteller von Schnellgerichten. Sie schneiden alle Zutaten möglichst klein, denn was fein genug zerkleinert ist, gart in Minutenschnelle. Bestes Beispiel: Kartoffeln. Kocht man die Knollen im Ganzen, dauert es 20 bis 30 Minuten bis sie auf den Tisch kommen. Schneidet man sie dagegen in kleine Würfel, sind sie schon nach 10 Minuten gar.

Scharfe und qualitativ hochwertige Messer sind allerdings die unverzichtbare Voraussetzung für schnelles Putzen und Schneiden von Gemüse. Sparschäler mit einer Keramikklinge beispielsweise schälen in Windeseile. Kleine kompakte Küchenmaschinen hacken, schneiden, raspeln oder pürieren fast ohne eigenes Zutun.

Doch alle diese Küchenhelfer sparen nur dann Zeit, wenn man sich erst einmal mit ihnen beschäftigt und den Umgang mit ihnen geübt hat.

Produkte für die schnelle Küche

Für die folgende Liste haben wir Produkte und Produktgruppen ausgewählt, die Diabetikern in der Küche die Arbeit erheblich erleichtern. Nutzen Sie die Vorteile vorgefertigter Lebensmittel, aber gleichen Sie deren Nachteile bei jeder Mahlzeit durch Zugabe von frischem Obst, Gemüse, Sprossen, Kräutern, einfach ungesättigten Fettsäuren und ballaststoffreichen Zutaten möglichst wieder aus.

Obst und Gemüse:

Ajvar (Paprikazubereitung aus dem Glas)
Erbsenpüreepulver (Beutel)
Gemüse und Gemüsemischungen (küchenfertig; ohne Fettzugaben tiefgefroren)
Hülsenfrüchte wie z. B. Erbsen, Bohnen, Linsen, Kichererbsen (aus der Dose)
Obst und Obstmischungen (aus Glas oder Dose; gut abgetropft)
Obst und Obstmischungen (küchenfertig tiefgefroren)
Rotkohl (gegart und gewürzt; tiefgefroren oder Konserve)
Sauerkraut (gegart und gewürzt; aus der Dose)
Tomaten und Tomatenpüree (aus Dose oder Tetra-Packung)

Kartoffeln, Nudeln, Getreide- und Sojaprodukte:

Bulgur und Couscous (vorgegarter Weizen; getrocknet)
Crêpes, vorgegart (Kühlregal)
Getreidemischungen für Bratlinge (Beutel)
Gnocchi oder Schupfnudeln (aus dem Kühlregal oder tiefgefroren)
Kartoffelknödel (Pulver, Kochbeutel, tiefgefroren)
Kartoffelpüree ohne Milch (Pulver)
Nudeln (vorgegart; Kühlregal)
Sojagranulat oder -würfel (getrocknet; Beutel)
Tofu (Sojaquark; aus dem Glas oder der Kühltheke)

GRUNDLAGEN

Fleisch, Geflügel, Fisch:

Aal oder Hering in Gelee (Kühltheke)
Bratenaufschnitt (Kühltheke)
Fischfilet (küchenfertig und mariniert; tiefgefroren)
Fleisch (küchenfertig mariniert; Kühltheke oder tiefgefroren)
Geflügel (küchenfertig mariniert; Kühltheke oder tiefgefroren)
Hering, Matjes oder Bückling in Sauce oder Marinade (gut abgetropft; aus Glas oder Dose)
Mageres Fleisch in Aspik, z. B. Schinkensülze (Kühltheke)
Mageres Geflügel in Aspik (z. B. Putensauerfleisch, Putenfleisch in Aspik; Kühltheke)
Muscheln und Meerestiere in Sauce oder Marinade (gut abgetropft; aus Glas oder Dose)
Muscheln, Krabben und andere Meerestiere (küchenfertig und gegart; Konserve oder tiefgefroren)
Räucherfisch (frisch aus dem Fachhandel oder eingeschweißt aus der Kühltheke)
Surimi, Krebsfleischersatz (aus dem Glas, tiefgekühlt oder aus der Kühltheke)
Thunfisch in Aufguss (Dose)

Fertiggerichte:

Erbsen-, Bohnen- oder Linseneintopf (Beutel, tiefgekühlt oder Dose)
Gemüseeintopf (z. B. Minestrone; Dose oder Beutel)
Gemüse-Nudel-Pfanne (z. B. Bami Goreng; tiefgefroren)
Gemüse-Reis-Pfanne, (z. B. Paella; tiefgefroren)
Klare Suppen (z. B. Fleischklößchen; Beutel)
Mirácoli (Packung)
Nudelfertiggerichte (Beutel, getrocknet; z. B. Spaghetteria)
Nudelsuppe (Dose oder Beutel)
Ravioli in Tomatensauce (Dose)
Reisfertiggerichte (Beutel, getrocknet)
Tomatensauce (Dose, Glas oder Beutel)
Tomatensuppe (Dose oder Beutel)

Feinkost:

Asia-Sauce (Flasche)
Gemüsesalat in klarer Marinade, gut abgetropft (Kühltheke)

Kalte Tomatensauce (z. B. Ketchup, Barbecue-, Taco- und Schaschliksauce; Flasche)
Kartoffelsalat in klarer Marinade (gut abgetropft; Kühltheke)
Krautsalat in klarer Marinade (gut abgetropft; Kühltheke)
Salatdressing ohne Öl (Flasche)
Sauerkonserven (z. B. Gewürzgurken, Mixed Pickles)

Gewürze, Kochzutaten:
Bierhefe (Pulver, Flocken)
Chili-Sauce (z. B. Sambal Oelek oder Tabasco)
Eingelegte Gewürze (z. B. Kapern, grüner Pfeffer)
Fond, alle Sorten (Glas)
Gewürze und Gewürzmischungen (getrocknet)
Hefe (Würfel aus dem Kühlregal oder getrocknet)
Instant-Brühen (Glas; z. B. von Knorr)
Kräuter (tiefgefroren oder getrocknet)
Pflanzliche Bindemittel (z. B. Biobin, Pektin)
Saucenbinder (hell oder dunkel; z. B. Mondamin)
Saucenpulver für Salatsaucen (z. B. Salatkrönung)
Senf
Sojasauce
Tomatenmark

Fette:
Diät-Halbfettmargarine mit Pflanzensterinen (z. B. von becel)
Diätmargarine und Diät-Halbfettmargarine
Diät-Pflanzenöle
Spezialöl zum Braten aus dem Reformhaus
Geschmacksneutrale Öle (z. B. Raps-, Soja-, Keimöl oder Olivenöl)
Kaltgepresste Öle (z. B. Oliven-, Erdnuss-, Haselnuss- oder Leinöl)
Pflanzenmargarine und Halbfettmargarine (in Kunststoff- schalen)

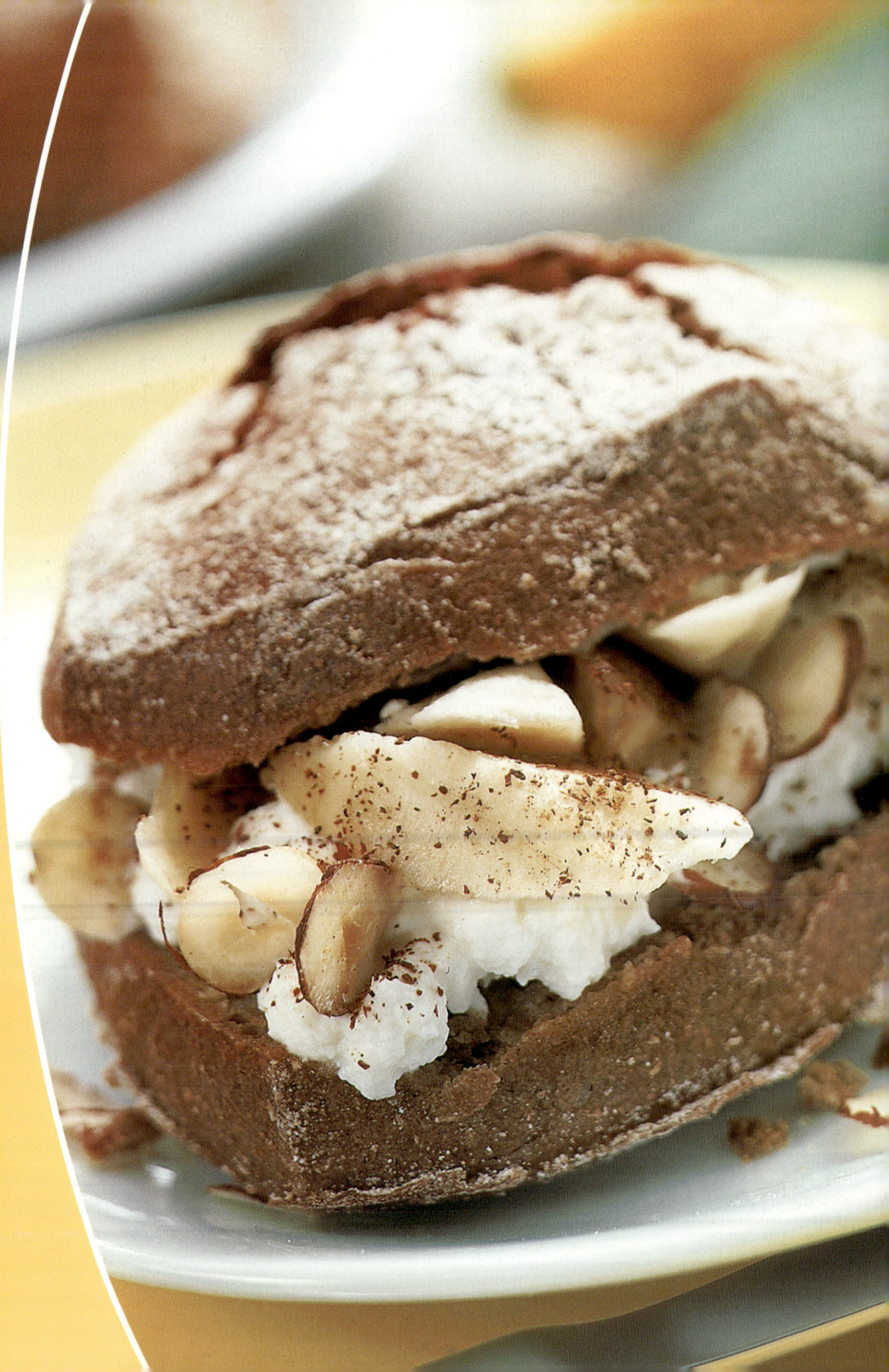

Frühstücksideen und Lunchpakete

Auch bei der ersten Mahlzeit des Tages lohnt es sich, einmal etwas Neues auszu-probieren. Sehr zu empfehlen: ein gut zusammengestelltes Müsli. Es versorgt Ihren Körper mit Kohlenhydraten und liefert gleichzeitig reichlich Ballaststof-fe, die Ihren Blutzucker lange stabil halten. Diabetikern, die mit Insulin behandelt werden, bekommt es gut, wenn sie eine kleine Portion Müsli am Abend direkt vor dem Zubettgehen essen. Der hohe Gehalt an Ballaststoffen hilft, eine nächtliche Unterzuckerung zu vermeiden.

Guten-Morgen-Müsli

1 Portion enthält:
760 Kilojoule
182 Kilokalorien
8 g Eiweiß
20 g Kohlenhydrate
1,5 anzurechnende BE
11 g Ballaststoffe
7 g Fett

Zutaten für 10 Portionen:
200 g kernige Haferflocken,
100 g Weizenkleie mit Oligofructose
(z. B. von Diamant), 100 g geschroteter Leinsamen, 50 g Kürbiskerne,
100 g getrocknete Aprikosen

■ Haferflocken mit Weizenkleie, Leinsamen und gehackten Kürbiskernen mischen, Aprikosen würfeln und unterheben.
■ Das Müsli gut verschlossen, kühl und dunkel aufbewahren. Mit
frischen Früchten der Saison und mit fettarmer Milch oder fett-
armem Joghurt anrichten.

Knuspermüsli

1 Portion enthält:
878 Kilojoule
210 Kilokalorien
8 g Eiweiß
27 g Kohlenhydrate
2 anzurechnende BE
5 g Ballaststoffe
7 g Fett

Zutaten für 10 Portionen:
50 g Nüsse (Sorte nach Geschmack),
50 g Sojakerne, 50 g Buchweizen,
200 g Haferflocken, 150 g Weizen-
flocken, 50 g geschroteter Leinsamen

■ Die Nüsse hacken und mit den Sojakernen und dem Buchweizen
in einer trockenen Pfanne rösten. Auf einen flachen Teller geben
und abkühlen lassen.
■ Die restlichen Zutaten untermischen und gut verschlossen, kühl
und dunkel lagern. Dazu passen frische Früchte und fettarmer
Joghurt.

Bananen-Quark-Brötchen (Foto auf Seite 30/31)

1 Portion enthält:
1101 Kilojoule
263 Kilokalorien
13 g Eiweiß
43 g Kohlenhydrate
3,5 anzurechnende BE
9 g Ballaststoffe
4 g Fett

Zutaten für 2 Portionen:
2 Roggenvollkornbrötchen,
100 g Magerquark, 1 große Banane,
1 Msp. Zimt, 2 TL Roggenkleie mit
Oligofructose (z. B. von Diamant),
2 TL Haselnussblättchen

■ Die Roggenbrötchen halbieren und alle Hälften mit Quark bestreichen.
■ Die unteren Brötchenhälften mit Bananenscheiben belegen, mit Zimt, Roggenkleien und Haselnussblättchen bestreuen, die obere Hälfte darüber klappen.

Das empfehle ich Ihnen

Je nach Jahreszeit passen auch klein geschnittene Erdbeeren, Aprikosen oder Birnen auf das fruchtig frische Brot.

FRÜHSTÜCKSIDEEN

Kichererbsen-Curry-Creme

1 Portion enthält:
228 Kilojoule
54 Kilokalorien
3 g Eiweiß
6 g Kohlenhydrate
0 anzurechnende BE
2 g Ballaststoffe
2 g Fett

Zutaten für 6–8 Portionen:

1 kleine Dose Kichererbsen (240 g Abtropfgewicht), 100 ml Möhren- oder Gemüsesaft, $1/2$ Bund Koriander (ersatzweise Petersilie), 2 EL gehackte Kürbiskerne, Jodsalz, Curry

◼ Die Kichererbsen abtropfen lassen und mit dem Möhrensaft in ein hohes Gefäß geben. Mit dem Schneidstab pürieren.
◼ Den Koriander waschen und hacken und mit den Kürbiskernen unter die Kichererbsencreme heben. Mit Salz und Curry kräftig abschmecken.

Das empfehle ich Ihnen

Die Creme schmeckt gut als saftiger Brotaufstrich und ersetzt das Streichfett. Als Dip passt sie hervorragend zu kleingeschnittenen Gurken, Möhren oder Chicoréeblättern. Im Kühlschrank ist die Creme bis zu einer Woche haltbar.

Möhrencreme mit Meerrettich (Foto rechts)

1 Portion enthält:
227 Kilojoule
54 Kilokalorien
1 g Eiweiß
3 g Kohlenhydrate
0 anzurechnende BE
2 g Ballaststoffe
4 g Fett

Zutaten für 6–8 Portionen:

$1/8$ l Instant-Brühe (z. B. Gemüse-Kraftbouillon; Knorr), 350 g Möhren, 2 Messlöffel pflanzlicher Saucenbinder (z. B. Biobin), 1 Bund Schnittlauch, 2 EL Keimöl, 50 g Schmand, 2 EL Weizenkeime mit Oligofructose (z. B. von Diamant), 2–3 TL Meerrettich, Jodsalz, Pfeffer aus der Mühle

- Die Brühe in einem Topf zubereiten. Möhren schälen und in der Küchenmaschine fein raspeln. Möhren und Saucenbinder in die Brühe geben und 8 Minuten garen. In der Zwischenzeit den Schnittlauch waschen und in Röllchen schneiden.
- Die Möhrenmischung wieder in die Küchenmaschine füllen, Keimöl, Schmand, Weizenkeime und Meerrettich zugeben und alles fein pürieren.
- Die Schnittlauchröllchen unterheben und eventuell mit Salz und Pfeffer abschmecken.

Das empfehle ich Ihnen

Die Creme in Twist-off-Gläser (z. B. Konfitüre- oder Joghurtgläser) füllen und im Kühlschrank aufbewahren. Die Creme schmeckt gut als Brotaufstrich oder als Dip zu Kurzgebratenem.

FRÜHSTÜCKSIDEEN

Süße Nusscreme

1 Portion enthält:

760 Kilojoule
183 Kilokalorien
2 g Eiweiß
3 g Kohlenhydrate
0 anzurechnende BE
1 g Ballaststoffe
18 g Fett

Zutaten für 15 Portionen:

2 EL Kakao, 200 g Nussmus (unge-süßt; Reformhaus), 175 g Margarine, 2 EL Sojamehl (Vollsoja), 2 EL Fruchtzucker, 1 Prise Jodsalz, 1 TL Vanille-Extrakt (ersatzweise Vanillezucker, kein Vanillearoma-Backöl verwenden), flüssiger Süßstoff

- Alle Zutaten bis auf den Süßstoff in eine Schüssel geben und mit den Quirlen des Handrührers schlagen, bis eine glatte, gleichmäßige Creme entstanden ist. Mit Süßstoff ab-schmecken.
- Die Nusscreme in Schraubgläser oder in Plastikdosen abfüllen. Leicht auf die Arbeitsfläche aufstoßen, damit kleine Luftbläs-chen im Inneren der Creme entweichen können. Die Behälter verschließen. Im Kühlschrank hält sich die Creme bis zu 2 Wo-chen.

Das empfehle ich Ihnen

Die Nusscreme ist nicht gerade fettarm, aber im Gegensatz zu vielen gekauften Schokocremes reich an wertvollen Fettsäuren und hochwertigem Eiweiß. Sie eignet sich gut als Brotauf-strich. Wer Vollkornbrot wählt und auf zusätzliches Streichfett verzichtet, braucht sich den süßen Spaß nicht zu verkneifen.

Lachsschinken-Brötchen mit Kiwi

1 Portion enthält:
1313 Kilojoule
316 Kilokalorien
11 g Eiweiß
33 g Kohlenhydrate
2,5 anzurechnende BE
7 g Ballaststoffe
15 g Fett

Zutaten für 2 Portionen:
2 Vollkorn-Baguettebrötchen,
4 TL Margarine, 4 Scheiben Lachsschinken ohne Fettrand, 2 Kiwis,
einige Blätter Chicorée

- Brötchen halbieren und dünn mit Margarine bestreichen.
- Kiwis schälen und in dünne Scheiben schneiden. Die unteren Brötchenhälften mit Lachsschinken, Kiwischeiben und Chicoréeblättern belegen und die obere Hälfte darauf setzen.

Sprossenbrot mit Käse

1 Portion enthält:
1264 Kilojoule
302 Kilokalorien
16 g Eiweiß
40 g Kohlenhydrate
3 anzurechnende BE
9 g Ballaststoffe
8 g Fett

Zutaten für 2 Portionen:
4 Scheiben Vollkornbrot, 2 TL mittel-
scharfer Senf, 2 TL Salatcreme (fett-
reduzierte Mayonnaise), 50 g frische
Sprossen (z. B. Alfalfasprossen, ersatzweise Kresse), 2 Scheiben
Schnittkäse (30 % F. i. Tr., z. B. West-
lite pikant), einige Blätter Radicchio

- Je 2 Scheiben Brot mit Senf und Salatcreme bestreichen.
- Die Sprossen auf den Senfbroten verteilen, Käse und Radicchio darauf legen. Mit den Salatcreme-Broten abdecken.

Das empfehle ich Ihnen

Die Sandwiches geraten besonders lecker mit den Gemüsebrötchen aus dem Vorrat (Seite 90).

FRÜHSTÜCKSIDEEN

SALATE, VORSPEISEN UND SNACKS

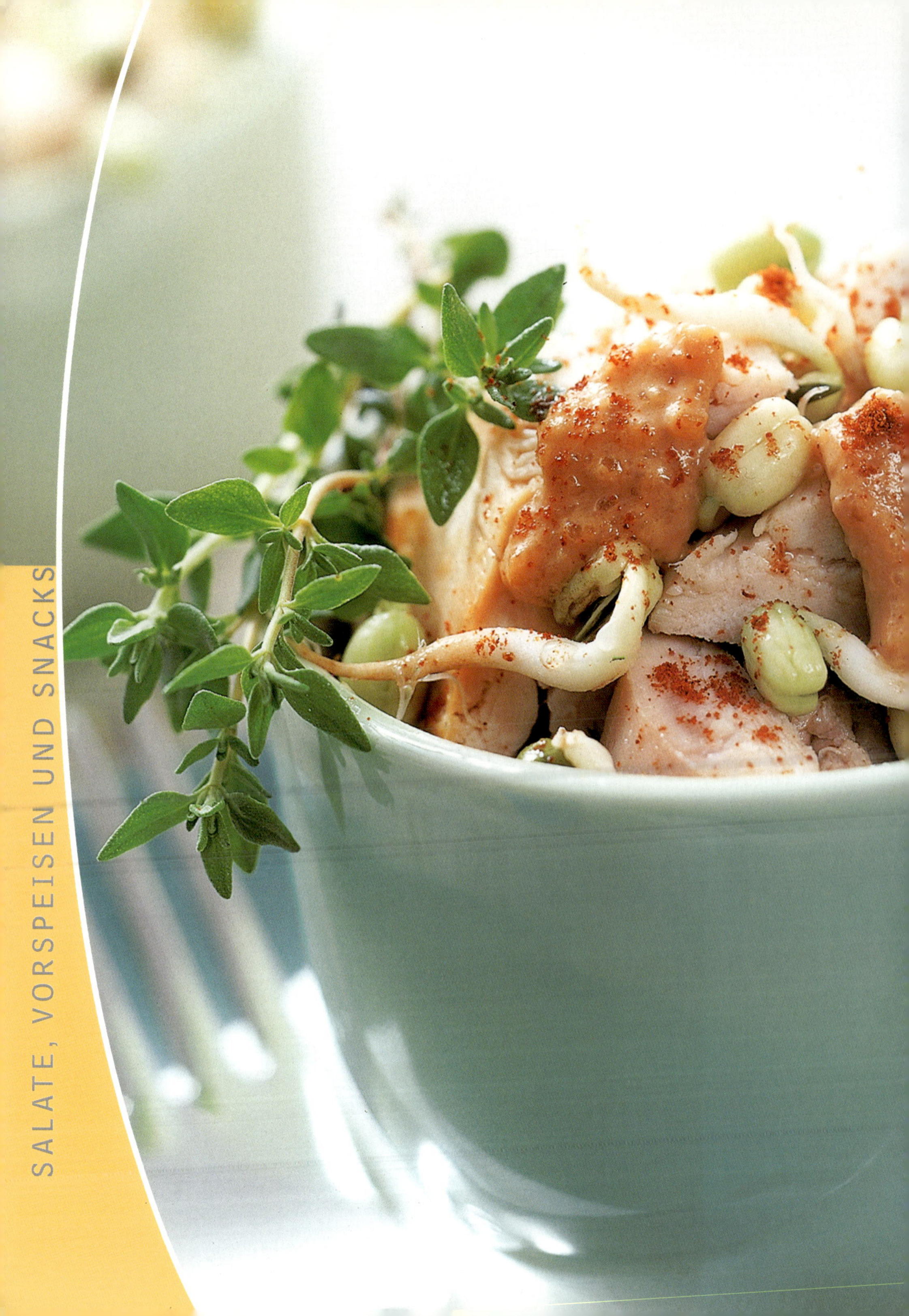

Salate, Vorspeisen und Snacks

Als kleine Zwischenmahlzeit oder als leichte Einstimmung auf ein Menü ist ein knackiger Salat genau das Richtige. Ob Sie für Rohkost schwärmen oder lieber knapp Gegartes essen, bleibt Ihnen überlassen. Kleine Snacks und pfiffige Vorspeisen bieten Abwechslung, erfordern dabei aber wenig Aufwand. Damit der Hunger nicht so schnell wiederkommt und Ihr Körper mit »langsamen« Kohlenhydraten ausreichend versorgt ist, empfehlen wir als Beilage ein deftiges Roggenbrot oder zwei, drei Scheiben Vollkornknäcke.

Rezept auf Seite 40/41

Scharfer Weißkohlsalat mit Möhren

1 Portion enthält:
637 Kilojoule
153 Kilokalorien
2 g Eiweiß
21 g Kohlenhydrate
1 anzurechnende BE
3 g Ballaststoffe
6 g Fett

Zutaten für 2 Portionen:
200 g Weißkohlsalat in klarer Marinade (Kühltheke), 1 große Möhre, 1 kleiner Apfel, 3 EL Apfelsaft, 1 EL Petersilie (tiefgefroren), Jodsalz, Pfeffer aus der Mühle, Tabasco

- Den Weißkohlsalat in einem Sieb abtropfen lassen.
- Die Möhre schälen, den Apfel waschen und beides grob raspeln.
- Apfelsaft und Petersilie verquirlen, mit Salz, Pfeffer und Tabasco abschmecken.
- Die Sauce über die Salatzutaten geben und gut mischen.

Das empfehle ich Ihnen

Da Sie bei fertigen Salaten die enthaltene Fettmenge nicht einschätzen können, gießen Sie die Marinade besser ab.

Hähnchensalat mit Sprossen und Erdnusssauce (Foto auf Seite 38/39)

1 Portion enthält:
1400 Kilojoule
336 Kilokalorien
38 g Eiweiß
8 g Kohlenhydrate
0 anzurechnende BE
8 g Ballaststoffe
17 g Fett

Zutaten für 2 Portionen:
$1/2$ Brathähnchen vom Grill (etwa 200 g Fleisch), 150 g Mungobohnensprossen, 50 g Erdnusskerne, 100 g fettarmer Joghurt, 2 EL Sojasauce 2 EL Salatkräuter (tiefgefroren), 1 TL Inulin (nach Verträglichkeit auch mehr) Cayennepfeffer, Jodsalz

- Das Fleisch von den Knochen ablösen und ohne Haut in mundgerechte Stücke schneiden.
- Die Sprossen unter fließendem Wasser abspülen und abtropfen lassen. Mit dem Hähnchenfleisch mischen.
- Erdnüsse, Joghurt und Sojasauce pürieren, mit den Salatkräutern und dem Inulin verrühren und mit Cayennepfeffer und Salz herzhaft abschmecken. Mit Hähnchenfleisch und Mungosprossen mischen.

Das empfehle ich Ihnen

Sollte kein Hähnchengrill in Ihrer Nähe sein, verwenden Sie gegarte, geschnittene Hähnchenbrust (Aufschnitt) aus der Kühltheke.

Meeresfrüchtesalat

1 Portion enthält:
694 Kilojoule
166 Kilokalorien
19 g Eiweiß
6 g Kohlenhydrate
0 anzurechnende BE
2 g Ballaststoffe
7 g Fett

Zutaten für 2 Portionen:
1 EL Sojaöl, 1 EL Zwiebelwürfel (tiefgefroren), $1/2$ EL Knoblauchwürfel (tiefgefroren), 6 EL Gemüsebrühe oder -fond, 2 EL Zitronensaft, 250 g gemischte Meeresfrüchte, gegart (tiefgefroren), $1/2$ rote Paprikaschote, $1/2$ Bund Schnittlauch, Jodsalz, Pfeffer aus der Mühle, einige Salatblätter

- Das Öl in einem Topf erhitzen. Zwiebeln und Knoblauch darin 2 Minuten glasig dünsten. Die Gemüsebrühe zugeben und aufkochen. Zitronensaft und tiefgefrorene Meeresfrüchte dazugeben, die Platte ausschalten, den Topf aber zugedeckt darauf stehen lassen.
- Paprikaschote waschen und fein würfeln, Schnittlauch in Röllchen schneiden. Beides nach 10 Minuten unter die Meeresfrüchte mischen, mit Salz und Pfeffer abschmecken und auf Salatblättern anrichten.

SALATE, VORSPEISEN UND SNACKS

Heringshäckerle

1 Portion enthält:
- 1074 Kilojoule
- 257 Kilokalorien
- 13 g Eiweiß
- 21 g Kohlenhydrate
- 1 anzurechnende BE
- 4 g Ballaststoffe
- 13 g Fett

Zutaten für 2 Portionen:
1 Beutel Saucenpulver für Salatsauce (z. B. Gartenkräuter), 1 EL Keimöl, 1 EL Zwiebelwürfel (tiefgefroren), 1 Bismarckhering (125 g), 1 Stück Salatgurke (100 g), 1 Gewürzgurke, 10–12 Pumpernickeltaler

- In einer Schüssel das Saucenpulver für Salatsaucen mit Öl, 3 EL Wasser und Zwiebeln verrühren.
- Hering, Salat- und Gewürzgurke fein würfeln und unterheben. Das Häckerle auf die Pumpernickeltaler verteilen.

Das empfehle ich Ihnen

Das Häckerle können Sie bereits einen Tag vorher zubereiten und zugedeckt im Kühlschrank aufbewahren.

Bunter Blattsalat mit geräucherter Forelle

1 Portion enthält:
- 1000 Kilojoule
- 239 Kilokalorien
- 23 g Eiweiß
- 4 g Kohlenhydrate
- 0 anzurechnende BE
- 1 g Ballaststoffe
- 14 g Fett

Zutaten für 2 Portionen:
150 g gemischter Blattsalat (Kühltheke), 1 Bund glatte Petersilie, 1 Beutel Saucenpulver für Salatsaucen (z. B. Küchenkräuter), 2 EL Keimöl, 1–2 TL Senf, 200 g geräuchertes Forellenfilet

- Den Blattsalat waschen und trockenschleudern. Petersilie waschen, trocknen und die Blättchen abzupfen. Beides in eine Salatschüssel geben.
- Saucenpulver mit 4 EL Wasser, Öl und Senf verrühren, über den Salat gießen und gut durchmischen.
- Forellenfilets mit dem Salat auf einem Teller anrichten.

Das empfehle ich Ihnen

Geräucherter Fisch schmeckt besonders gut, wenn man ihn rechtzeitig vor dem Essen aus dem Kühlschrank nimmt und bei Zimmertemperatur serviert.

Sardellenquark in Gurkenschiffchen

1 Portion enthält:

735 Kilojoule
176 Kilokalorien
15 g Eiweiß
11 g Kohlenhydrate
0 anzurechnende BE
2 g Ballaststoffe
7 g Fett

Zutaten für 2 Portionen:

1 kleine Dose Sardellen (Anchovis, 40 g Abtropfgewicht), 1 EL Kapern, 2 Frühlingszwiebeln, 150 g Magerquark, 3 EL fettarme Milch, 1 EL italienische Kräuter (tiefgefroren), Pfeffer aus der Mühle, $1/_2$ Salatgurke

- Sardellen und Kapern fein hacken. Frühlingszwiebeln in dünne Ringe schneiden. Quark mit Milch, Kräutern und den gehackten Zutaten cremig rühren, mit Pfeffer abschmecken.
- Die Gurke schälen, längs halbieren und die Kerne mit Hilfe eines kleinen Löffels herausschaben. Jede Gurkenhälfte in drei Stücke schneiden und mit dem Sardellenquark füllen.

Das empfehle ich Ihnen

Die Gurkenschiffchen machen sich auch auf einem kalten Buffet oder einem Vorspeisenteller gut.

Hering in Gelee mit Ajvar-Remoulade

1 Portion enthält:
905 Kilojoule
214 Kilokalorien
14 g Eiweiß
2 g Kohlenhydrate
0 anzurechnende BE
2 g Ballaststoffe
16 g Fett

Zutaten für 2 Portionen:
1/2 Bund Schnittlauch, 1 Gewürzgurke, 1 TL Inulin (nach Verträglichkeit auch mehr), 1 EL Zwiebelwürfel (tiefgefroren), 2 EL Ajvar (Paprikazubereitung im Glas), 1 EL Schmand, 2 Portionen Hering in Gelee (Kühltheke, je 100 g), einige Salatblätter

■ Für die Remoulade den Schnittlauch in feine Röllchen schneiden, die Gewürzgurke fein würfeln. Inulin, Schnittlauch, Gurken- und Zwiebelwürfel mit Ajvar und Schmand verrühren.
■ Den Hering auf den Salatblättern anrichten, die Ajvar-Remoulade dazu reichen.

Rohkost mit Kräuter-Quark-Dip (Foto rechts)

1 Portion enthält:
866 Kilojoule
206 Kilokalorien
6 g Eiweiß
10 g Kohlenhydrate
0 anzurechnende BE
4 g Ballaststoffe
0 g Fett

Zutaten für 2 Portionen:
1 Chicorée, 2 Möhren, 1 kleine Zucchini, 200 g Magerquark, 2 EL Olivenöl mit Basilikumaroma (z. B. Basilico), Jodsalz, weißer Pfeffer, 2 EL 8-Kräuter-Mischung (tiefgefroren)

■ Chicorée waschen, in einzelne Blättchen zerteilen, Möhren schälen. Möhren und Zucchini in Stifte schneiden.
■ Magerquark mit Öl glatt rühren, mit Salz und Pfeffer würzen und die Kräuter unterheben.

Das empfehle ich Ihnen

Zum Dippen eignen sich auch Staudensellerie, Kohlrabi, Paprikaschote und Fenchel.

SALATE, VORSPEISEN UND SNACKS

Lauwarmer Lauch im Schinkenmantel

1 Portion enthält:
666 Kilojoule
159 Kilokalorien
8 g Eiweiß
3 g Kohlenhydrate
0 anzurechnende BE
2 g Ballaststoffe
12 g Fett

Zutaten für 2 Portionen:
Jodsalz, 2 fingerdicke Stangen Lauch, Pfeffer aus der Mühle, 1 EL Salatkräuter (tiefgefroren), 2 EL Olivenöl, 6 hauchdünne Scheiben Parma- oder Serranoschinken

- Wasser mit Salz in einem Topf aufkochen.
- Den Lauch putzen und jede Stange in 3 etwa 10 cm lange Stücke schneiden. Im Salzwasser etwa 5 Minuten kochen und abgießen. Dabei etwa 4 EL Kochwasser auffangen.
- Kochwasser mit Salz, Pfeffer, Salatkräutern und Öl zu einer Sauce verrühren.
- Die Schinkenscheiben um den Lauch wickeln, mit der Sauce beträufeln.

Sandwich-Toast mit Käsesalat

1 Portion enthält.
1224 Kilojoule
292 Kilokalorien
18 g Eiweiß
32 g Kohlenhydrate
2,5 anzurechnende BE
6 g Ballaststoffe
10 g Fett

Zutaten für 2 Portionen:
2 Sandwich-Toast-Taschen zum Aufbacken à 65 g, 3 Scheiben Schnittkäse (30% F.i.Tr., z.B. Litedamer), einige Blätter Eisbergsalat, 2 EL Joghurt, 1 EL Ajvar, 1 EL Schnittlauch (tiefgefroren), 2 TL Weizenkleie, Jodsalz, Pfeffer aus der Mühle

- Sandwich-Toast-Taschen halbieren und im Toaster aufbacken.
- Den Käse würfeln und die Salatblätter in Streifen schneiden.
- Aus Joghurt, Ajvar, Schnittlauch und Weizenkleie eine Sauce rühren, mit Salz und Pfeffer würzen. Die Salatzutaten mit der Sauce mischen und in die Toast-Taschen füllen.

Arme Ritter mit Kürbiskernen und Kräuterquark

1 Portion enthält:
2077 Kilojoule
496 Kilokalorien
25 g Eiweiß
34 g Kohlenhydrate
2,5 anzurechnende BE
6 g Ballaststoffe
28 g Fett

Zutaten für 2 Portionen:

100 g Magerquark, 100 g fettarmer Joghurt, 1 EL Kräuter der Provence (tiefgefroren), 1 TL Inulin (nach Verträglichkeit auch mehr), Jodsalz, Pfeffer aus der Mühle, Zitronensaft, 2 EL Sojaöl, 4 EL Kürbiskerne, 2 Eier, 3 EL fettarme Milch, Muskatnuss, 4 Scheiben Vollkorntoastbrot

- Den Quark mit Joghurt glatt rühren, Kräuter der Provence und Inulin zugeben und mit Salz, Pfeffer und Zitronensaft abschmecken.
- Eine große Pfanne mit dem Öl erhitzen.
- Kürbiskerne grob hacken und auf einen flachen Teller geben, Eier mit Milch, Salz, Pfeffer und Muskatnuss verquirlen. Die Brotscheiben zuerst in die Eiermilch tauchen, dann in den Kürbiskernen wenden.
- Im heißen Fett von jeder Seite 2-3 Minuten bei mittlerer Hitze goldbraun braten, zum Quark servieren.

Das empfehle ich ihnen

Auch Mandeln oder Haselnüsse eignen sich als knusprige Hülle für die Armen Ritter.

SALATE, VORSPEISEN UND SNACKS

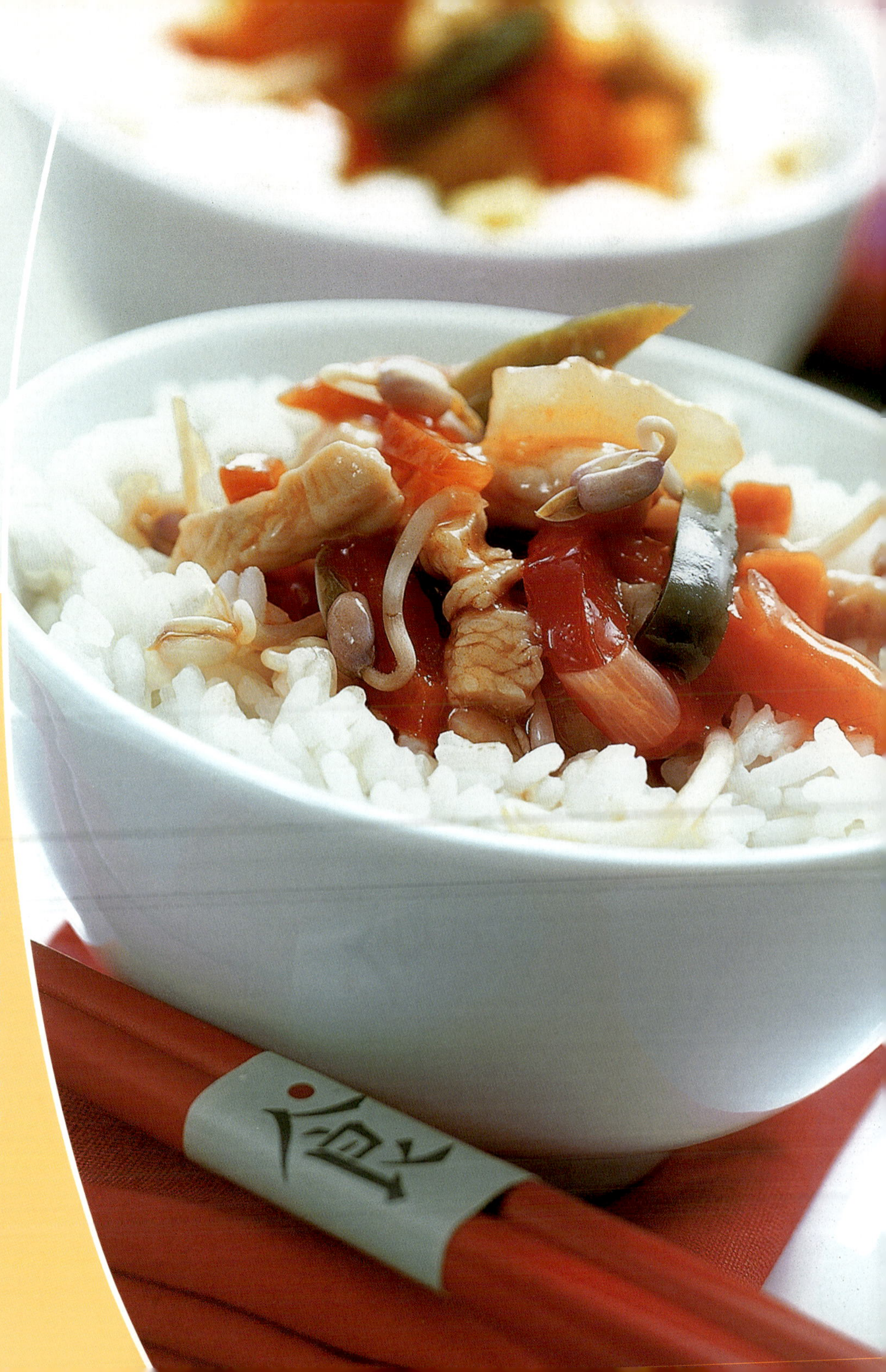

Suppen und sättigende Eintöpfe

Wenn das Mittagessen schnell, aber trotzdem figurfreundlich ausfallen soll, sind fettarme Suppen und Eintöpfe angesagt. Je nach kulinarischem Anspruch haben Sie die Wahl zwischen aromatisch feinen Vorsüppchen, leichten Gemüseeintöpfen und deftigeren Varianten mit Hülsenfrüchten. Mit einer dicken Scheibe Vollkornbrot sättigen Eintöpfe für viele Stunden.

zept auf Seite 56

Kartoffel-Lauch-Suppe mit Räucherfisch

1 Portion enthält:

1944 Kilojoule
464 Kilokalorien
25 g Eiweiß
56 g Kohlenhydrate
4 anzurechnende BE
5 g Ballaststoffe
15 g Fett

Zutaten für 2 Portionen:

1 Stange Lauch, 1 EL Keimöl,
1 Beutel Kartoffeleintopf
(für 2 Portionen; z. B. von Knorr),
100 g Räucherfisch (z. B. Schil-
lerlocke oder Makrele), $1/2$ Bund
Schnittlauch, 2 TL Sojamehl (Vollsoja), 2 EL körniger Frischkäse,
2 Vollkornbaguettebrötchen

- Lauch putzen, waschen und in Ringe schneiden. Das Öl erhitzen und den Lauch Minuten andünsten. $1/2$ Liter Wasser in einen Topf gießen, das Pulver für Kartoffeleintopf zugeben und bei mittlerer Hitze 10 Minuten kochen.
- In der Zwischenzeit den Räucherfisch in mundgerechte Stücke teilen, den Schnittlauch in Röllchen schneiden.
- Die Suppe mit dem Schneidstab pürieren, das Sojamehl un-terrühren. Den Räucherfisch kurz in der Suppe erwärmen.
- Die Suppe auf zwei Teller verteilen, je einen Klecks Frischkäse und die Schnittlauchröllchen darauf geben. Das Baguettebröt-chen dazureichen.

Das empfehle ich Ihnen

Sollten Sie die Gemüsebrötchen aus dem Vorrat (siehe Seite 90) gebacken haben, können Sie diese statt der Baguettebröt-chen zur Suppe servieren. Zur Abwechslung: Statt Lauch 200 g Erbsen aus der Tiefkühltruhe mitgaren.

SUPPEN UND EINTÖPFE

Fischsuppe mit Fenchel

1 Portion enthält:
1327 Kilojoule
317 Kilokalorien
32 g Eiweiß
32 g Kohlenhydrate
2 anzurechnende BE
10 g Ballaststoffe
5 g Fett

Zutaten für 2 Portionen:

400 ml Tomatensaft, $^1/_4$ l Gemüsebrühe oder -fond, 1 Knolle Fenchel (300 g), 200 g Rotbarschfilet, 50 g Tiefseeshrimps (gefroren oder aus der Kühltheke),1 TL Inulin (nach Verträglichkeit auch mehr), $^1/_2$ Packung Dill (tiefgekühlt, etwa 10 g), Jodsalz, Cayennepfeffer, 1 EL Wermut oder Sherry, 2 Zwiebelbrötchen

Tomatensaft und Brühe aufkochen. Den Fenchel putzen und in der Küchenmaschine in feine Streifen hobeln. In die Brühe geben und 10 Minuten garen.

Nach 5 Minuten das gewürfelte Fischfilet zufügen und mitgaren. Die Shrimps dazugeben und 2 Minuten erhitzen.

Inulin und Dill unterrühren, mit Salz, Cayennepfeffer und Wermut abschmecken, die Zwiebelbrötchen dazu servieren.

Das empfehle ich Ihnen

Die Suppe schmeckt auch mit fertig gegarten Meeresfrüchten aus der Tiefkühltruhe oder Kühltheke.

SUPPEN UND EINTÖPFE

Tomatensuppe mit Grünkernschrot

1 Portion enthält:
718 Kilojoule
171 Kilokalorien
6 g Eiweiß
17 g Kohlenhydrate
1 anzurechnende BE
4 g Ballaststoffe
8 g Fett

Zutaten für 2 Portionen:

2 EL Grünkernschrot, 400 ml Gemüsebrühe oder -fond, 100 g kleine Champignons, 1 EL Keimöl, Jodsalz, Pfeffer aus der Mühle, 1 kleine Dose Pizzatomaten (400 g), 1 EL Schmand, 1 Beet Kresse

Grünkernschrot in die kalte Brühe geben, aufkochen und zugedeckt 10 Minuten garen.

In der Zwischenzeit die Champignons putzen und in Scheiben schneiden. Im heißen Öl goldbraun braten, mit Salz und Pfeffer würzen und beiseite stellen.

Die Pizzatomaten zum Grünkern geben und erhitzen. Die Suppe mit dem Schmand verrühren und mit Salz und Pfeffer abschmecken. Die Champignons in die Suppe geben, mit Kresse bestreuen.

Das empfehle ich Ihnen

Grünkern- oder auch Haferschrot sind schnelle, vollwertige Suppeneinlagen, mit denen man Fertigsuppen auf gesunde Weise »aufpeppen« kann.

SUPPEN UND EINTÖPFE

Kürbissuppe (Foto unten)

1 Portion enthält:
688 Kilojoule
165 Kilokalorien
5 g Eiweiß
12 g Kohlenhydrate
0 anzurechnende BE
2 g Ballaststoffe
10 g Fett

Zutaten für 2 Portionen:
700 g Kürbis (ergibt geputzt etwa 350 g), 1 Zwiebel, 1 EL Keimöl, $\frac{1}{2}$ l Instant-Brühe (z. B. Gemüse-Kraftbouillon von Knorr), Jodsalz, Pfeffer aus der Mühle, Zitronensaft, 2 TL gehackte Kürbiskerne, 2 TL Crème fraîche

Den Kürbis und die Zwiebel schälen, beides zusammen im Blitz-hacker fein zerkleinern. Die Gemüseraspel im heißen Öl andüns-ten, mit Brühe aufgießen und 8 Minuten garen.

Mit dem Pürierstab oder im Mixer fein pürieren, mit Salz, Pfeffer und Zitronensaft abschmecken und auf den Tellern mit gehackten Kürbiskernen und einem Klecks Crème fraîche garnieren.

Das empfehle ich Ihnen

Nach diesem Grundrezept können Sie auch Brokkoli-, Blumen-kohl-, Fenchel-, Möhren- oder Kohlrabisuppe kochen. Weil das Gemüse schon vor dem Kochen ganz klein gehackt wird, ver-kürzt sich die Garzeit enorm, Farbe und Nährstoffe bleiben trotzdem erhalten.

SUPPEN UND EINTÖPFE

Spätzleeintopf mit Fleischklößchen

1 Portion enthält:

1276 Kilojoule
304 Kilokalorien
25 g Eiweiß
36 g Kohlenhydrate
2 anzurechnende BE
4 g Ballaststoffe
6 g Fett

Zutaten für 2 Portionen:

$1/2$ l Gemüsebrühe oder -fond, 300 g gemischtes Gemüse (tiefgefroren, z. B. Farmer Gemüse), 100 g Beefsteakhack (oder feingehacktes Geflügelfleisch) 1 kleines Ei, $1/2$ Paket 8-Kräuter-Mischung (tiefgefroren, etwa 10 g), Jodsalz, Pfeffer aus der Mühle, 200 g Spätzle (Kühltheke oder tiefgefroren) 1 EL Roggenkleie mit Oligofructose (z. B. von Diamant)

- Brühe in einem großen Topf aufkochen. Das Gemüse zugeben und 5 Minuten garen.
- In dieser Zeit in einer flachen Schüssel Beefsteakhack (oder feingehacktes Geflügelfleisch), Ei, Kräutermischung, Salz und Pfeffer mit einer Gabel vermengen. Mit einem kleinen Löffel Klößchen direkt in die heiße Brühe abstechen und weitere 5 Minuten garen.
- Die Spätzle zugeben und 1 Minute erhitzen. Die Brühe eventuell mit Pfeffer abschmecken und die Roggenkleie darüber streuen.

Das empfehle ich Ihnen

Kaufen Sie tiefgekühlte Kräutern nur, wenn sie streufähig sind. Das ist ein Merkmal für Qualität. Die Kräuter frieren in der Packung zu einem Klumpen zusammen, wenn die Kühlung unterbrochen wurde. Dann gehen wichtige Inhaltsstoffe verloren. Es lohnt sich deshalb, zum Einkauf von Tiefkühlprodukten eine Kühltasche mitzunehmen.

SUPPEN UND EINTÖPFE

Linsencurry mit Lauch und Aprikosen

1 Portion enthält:
2097 Kilojoule
500 Kilokalorien
33 g Eiweiß
71 g Kohlenhydrate
1,5 anzurechnende BE
19 g Ballaststoffe
8 g Fett

Zutaten für 2 Portionen:

50 g getrocknete Aprikosen, 1 Stange Lauch, 1 EL Zwiebelwürfel (tiefgefroren), $1/2$ EL Knoblauchwürfel (tiefgefroren), 50 g magere Schinkenwürfel, 1 EL Olivenöl, 200 g rote Linsen, $1/4$ l Gemüsebrühe oder -fond, 2 TL mildes Currypulver, Jodsalz, Pfeffer aus der Mühle, 2 EL Roggenkleie mit Oligofructose (z. B. von Diamant)

■ Aprikosen in Streifen schneiden, Lauch waschen und in Ringe schneiden.

■ Zwiebeln, Knoblauch und Schinken im heißen Öl andünsten. Linsen, Aprikosen und Lauchringe zugeben, die Brühe dazugießen, mit Curry bestäuben und zugedeckt 10 Minuten garen.

■ Roggenkleie unterheben und mit Salz und Pfeffer abschmecken.

SUPPEN UND EINTÖPFE

Chinesischer Reistopf süß-sauer
(Foto auf Seite 48/49)

1 Portion enthält:
2269 Kilojoule
538 Kilokalorien
30 g Eiweiß
86 g Kohlenhydrate
6 anzurechnende BE
10 g Ballaststoffe
8 g Fett

Zutaten für 2 Portionen:

1 EL Rapsöl, 1 Putenschnitzel (150 g), 1 rote Paprikaschote, 1 Beutel Reisfertiggericht für chinesischen Reis süß-sauer (155 g; z. B. Uncle Ben's), 1 kleine Dose Ananas in Scheiben (140 g Abtropfgewicht), 100 g Mungobohnensprossen (Kühlregal), 1 TL Inulin (nach Verträglichkeit auch mehr), 2 EL Weizenkeime mit Oligofructose (z. B. von Diamant), Sojasauce

■ Das Öl in einer Pfanne erhitzen. Das Putenschnitzel und die Paprikaschote in Streifen schneiden. Das Fleisch 2 Minuten scharf anbraten, Paprikastreifen zugeben und 2 Minuten andünsten. 500 ml Wasser und Reismischung zugeben, aufkochen und 5 Minuten bei geöffnetem Topf kochen.
■ Die Ananas abtropfen lassen und in Stückchen schneiden.
■ Sprossen, Ananasstückchen, Inulin und Weizenkeime unter den Reis heben und mit Sojasauce abschmecken.

Das empfehle ich Ihnen

Auch Geflügelklößchen aus dem Vorrat (siehe Seite 91) oder Tiefseeshrimps passen als Einlage zu diesem Eintopf.

SUPPEN UND EINTÖPFE

Kichererbseneintopf mit Bratwurstklößchen

1 Portion enthält:
1850 Kilojoule
442 Kilokalorien
21 g Eiweiß
38 g Kohlenhydrate
1 anzurechnende BE
9 g Ballaststoffe
22 g Fett

Zutaten für 2 Portionen:
$1/2$ l Gemüsebrühe oder -fond,
1 kleine Dose Kichererbsen
(240 g Abtropfgewicht), 1 Lorbeer-
blatt, $1/2$ EL Knoblauchwürfel (tiefgefroren), 200 g Kartoffeln, 1 unge-
brühte feine Bratwurst (150 g),
1 Bund Petersilie, 1–2 EL Zitronensaft, 2 EL Ajvar (Paprikazubereitung
im Glas)

■ Die Brühe mit den abgetropften Kichererbsen, dem Lorbeer-
blatt und den Knoblauchwürfeln aufkochen.

■ Die Kartoffeln schälen, würfeln und zur Brühe geben. 5 Minuten bei mittlerer Hitze zugedeckt garen.

■ Die Bratwurstmasse direkt aus dem Darm in kleinen Klößchen
in die kochende Brühe drücken und zugedeckt weitere 5 Minuten garen.

■ In der Zwischenzeit die Petersilie waschen und grob schneiden.

■ Den Kichererbseneintopf mit Zitronensaft und Ajvar abschmecken und mit Petersilie bestreuen.

Das empfehle ich Ihnen

Glatte Petersilie ist aromatischer als Ihre krause Verwandte.
Sollten Sie bei Ihrem Gemüsehändler die Auswahl haben, greifen Sie deshalb zur Sorte mit den glatten Blättern.

SUPPEN UND EINTÖPFE

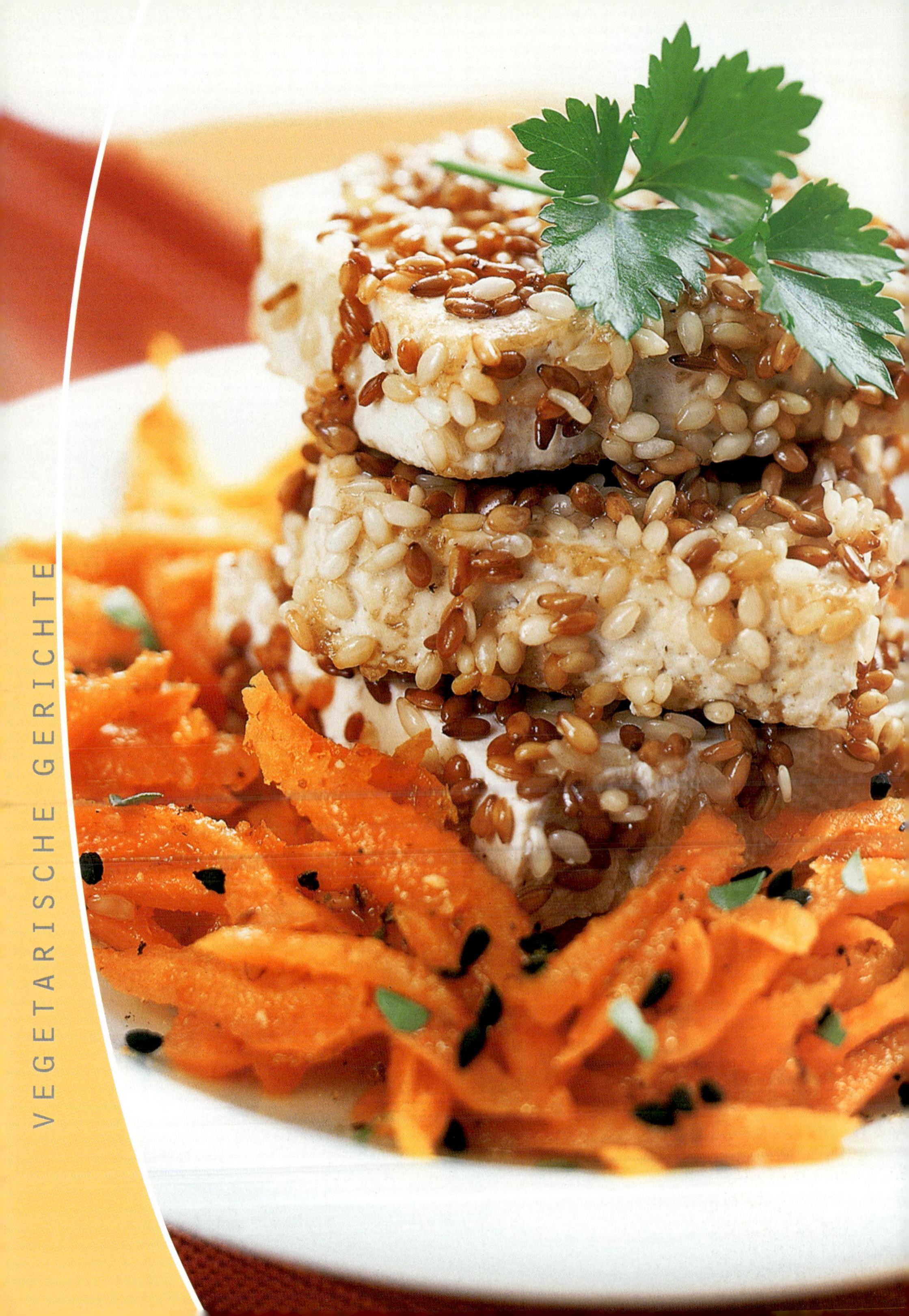

Vegetarische Gerichte

Es geht auch ohne Fleisch. Bei den folgenden Rezepten steht Gemüse im Mittelpunkt. Es liefert viele Nährstoffe, aber wenig Fett. So fallen die Kalorien kaum ins Gewicht. Sie dürfen Ihren Teller ganz nach Appetit füllen und bekommen reichlich Vitamine und Mineralstoffe. Fettarme Gerichte mit viel Gemüse sättigen auf leichte Art und machen nicht dick. Die reichlich enthaltenen biologisch aktiven Substanzen helfen außerdem, Ihren Stoffwechsel auf natürliche Weise zu regulieren.

ezept auf Seite 61

Gnocchi mit Tofu-Tomatensauce

1 Portion enthält:
- 2671 Kilojoule
- 634 Kilokalorien
- 24 g Eiweiß
- 102 g Kohlenhydrate
- 7,5 anzurechnende BE
- 13 g Ballaststoffe
- 14 g Fett

Zutaten für 2 Portionen:
150 g Tofu (Sojaquark; Kühlregal),
1 EL Rapsöl, 1 Paket Tomatenstückchen mit Zwiebeln (370 g, z. B. Tomato al Gusto), 2 Päckchen Suppengrün (tiefgefroren, à 50 g), 1 Bund Frühlingszwiebeln, 2 EL Roggenkleie mit Oligofructose (z. B. Diamant), Jodsalz, Cayennepfeffer, 1 Paket Gnocchi (vorgegart, Kühlregal, 500 g)

- Salzwasser für die Gnocchi zum Kochen bringen. Den Tofu würfeln und im Öl scharf anbraten. Tomatenstückchen und Suppengrün zugeben und 10 Minuten garen.
- Frühlingszwiebeln putzen und in feine Ringe schneiden, nach 5 Minuten dazugeben.
- Roggenkleie unter die Sauce mischen und mit Salz und Cayennepfeffer herzhaft abschmecken.
- Die Gnocchi in kochendem Salzwasser etwa 2 Minuten erhitzen, abgießen und mit der Tomatensauce servieren.

Das empfehle ich Ihnen

Diese Tomatensauce passt zu Nudeln ebenso wie zu Buchweizen oder Dinkel aus dem Vorrat (siehe Seite 88/89).

Tofuschnitzel auf Currymöhren
(Foto auf Seite 58/59)

1 Portion enthält:
2446 Kilojoule
584 Kilokalorien
28 g Eiweiß
70 g Kohlenhydrate
5 anzurechnende BE
11 g Ballaststoffe
20 g Fett

Zutaten für 2 Portionen:

400 g Möhren, 6 EL Gemüsebrühe oder -fond, $^1/_2$ TL mildes Currypulver, 250 g Tofu (Sojaquark, Kühlregal), Jodsalz, Pfeffer aus der Mühle, 2 EL Sesam, 1 EL Sojaöl, 2 EL Petersilie (tiefgefroren), 1 TL Schwarzkümmel (Reformhaus), $^1/_2$ türkisches Fladenbrot

- Möhren schälen, in der Küchenmaschine grob raspeln. Brühe, Curry und Möhrenraspel aufkochen und zugedeckt bei mittlerer Hitze 7 Minuten garen.
- In der Zwischenzeit den Tofu in Scheiben schneiden, mit Salz und Pfeffer würzen und in Sesam wenden. Die Körner fest andrücken.
- Das Öl in einer beschichteten Pfanne erhitzen und die Tofuschnitzel von jeder Seite etwa 3 Minuten knusprig braten.
- Petersilie und Schwarzkümmel zu den Möhren geben und mit Salz und Pfeffer abschmecken. Möhrengemüse und Tofuschnitzel auf einem Teller anrichten. Das Fladenbrot dazu servieren.

VEGETARISCHE GERICHTE

Sauerkrautbratlinge mit Kopfsalat

1 Portion enthält:

1097 Kilojoule
263 Kilokalorien
10 g Eiweiß
21 g Kohlenhydrate
1 anzurechnende BE
9 g Ballaststoffe
14 g Fett

Zutaten für 2 Portionen:

1 kleine Dose Sauerkraut (285 g Abtropfgewicht), 4 EL Kartoffelpüreepulver (ohne Milch), 1 Ei, 2 EL Zwiebelwürfel (tiefgefroren), Jodsalz, Pfeffer aus der Mühle, 2 EL Rapsöl, 1 Kopfsalat, 6 EL Buttermilch, 1/2 Beutel Saucenpulver für Salatsauce (z. B. Salatkrönung)

- Das Sauerkraut gut abtropfen lassen, klein schneiden und mit dem Kartoffelpüreepulver, 4 EL Wasser, Ei, Zwiebelwürfeln, Salz und Pfeffer in einer Schüssel vermengen.
- Das Öl in einer Pfanne erhitzen, aus der Sauerkrautmasse sechs Bratlinge formen und von jeder Seite etwa 4 Minuten braten.
- Inzwischen den Salat waschen, trockenschleudern und in mundgerechte Stücke zupfen. Buttermilch und 4 EL Wasser mit dem Saucenpulver verrühren und über den Kopfsalat geben.

Bulgur mit Spinat und Tomaten (Foto rechts)

1 Portion enthält:

1887 Kilojoule
450 Kilokalorien
14 g Eiweiß
58 g Kohlenhydrate
4,5 anzurechnende BE
14 g Ballaststoffe
17 g Fett

Zutaten für 2 Portionen:

2 EL Sojaöl, 150 g Bulgur, 1 EL Zwiebelwürfel (tiefgefroren), 1/2 EL Knoblauchwürfel (tiefgefroren), 300 ml Gemüsebrühe oder -fond, 300 g Spinat (tiefgekühlt, in Mini-Würfeln; z. B. von Iglo), 2 Tomaten, 2 EL Mandelstifte, Kreuzkümmel, Zitronensaft

- Das Öl in einem großen Topf erhitzen. Bulgur, Zwiebel- und Knoblauchwürfel darin glasig dünsten.
- Gemüsebrühe und Spinat zugeben und zugedeckt 12 Minuten garen.
- In der Zwischenzeit die Tomaten halbieren, die Kerne herausdrücken und das Tomatenfleisch würfeln.
- Mandelstifte und Tomatenwürfel unter Bulgur und Spinat heben und das Gericht mit Kreuzkümmel und Zitronensaft abschmecken.

Extra-Info

Als Bulgur bezeichnet man vorgegarten, getrockneten Weizenschrot. Diese Getreidespezialität stammt aus dem vorderen Orient und ist inzwischen bei uns sehr beliebt. Bulgur wird im Supermarkt, in Naturkostläden und im Reformhaus angeboten.

VEGETARISCHE GERICHTE

Mandelpfannkuchen

1 Portion enthält:
2325 Kilojoule
554 Kilokalorien
21 g Eiweiß
60 g Kohlenhydrate
4,5 anzurechnende BE
14 g Ballaststoffe
24 g Fett

Zutaten für 2 Portionen:
100 g Weizenvollkornmehl, 2 Eier, 200 ml fettarme Milch, 2 EL Weizenkleie mit Oligofructose (z. B. Diamant), 2 EL gemahlene Mandeln, 4 TL Keimöl, 250 g abgetropftes Obstkompott (Dose oder Glas)

◻ Den Backofen auf 100 °C vorheizen. In zwei großen Pfannen je einen Teelöffel Öl erhitzen.

◻ Mehl, Eier, Milch, Weizenkleie und Mandeln mit dem Handmixer verquirlen.

◻ Etwa die Hälfte des Teiges in jede Pfanne geben. Die Pfanne schwenken, damit der Teig sich in der ganzen Pfanne verteilt. Die Pfannkuchen von jeder Seite etwa 3 Minuten goldgelb backen und im Backofen warm halten.

◻ Aus dem Rest des Teigs zwei weitere Pfannkuchen backen. Mit dem Obstkompott servieren.

Das empfehle ich Ihnen

Praktisch und vollwertig sind Beilagen wie etwa Rote Grütze oder Apfelmus aus dem Vorrat (Seite 92/93).

VEGETARISCHE GERICHTE

Grüne Frittata mit scharfem Tomatendip

1 Portion enthält:

1225 Kilojoule
293 Kilokalorien
19 g Eiweiß
18 g Kohlenhydrate
0 anzurechnende BE
7 g Ballaststoffe
16 g Fett

Zutaten für 2 Portionen:

1 Bund Frühlingszwiebeln, 1 EL Keimöl, 150 g Erbsen (tiefgefroren), 3 Eier, 2 EL Petersilie (tiefgefroren), Jodsalz, Pfeffer aus der Mühle, Muskatnuss, $1/2$ Paket Tomatenstückchen mit Knoblauch (etwa 180 g; z. B. Tomato al Gusto), 1 EL 8-Kräuter-Mischung (tiefgefroren), Cayenne-pfeffer

- Frühlingszwiebeln waschen und schräg in dünne Ringe schneiden.
- Öl in einer großen beschichteten Pfanne erhitzen, Erbsen und Frühlingszwiebeln darin 2 Minuten andünsten.
- Eier mit Petersilie, Salz, Pfeffer und geriebener Muskatnuss verquirlen und über das Gemüse gießen. In der offenen Pfanne etwa 6 Minuten stocken lassen.
- Die Frittata mit Hilfe eines großen Tellers oder des Pfannendeckels wenden und weitere 4 Minuten braten.
- Inzwischen die Tomatenstückchen mit Kräutern, Salz und Cayennepfeffer abschmecken.
- Die Frittata auf eine Platte gleiten lassen, wie eine Torte in Stücke schneiden und mit dem Tomatendip servieren.

VEGETARISCHE GERICHTE

Penne mit Radicchio

1 Portion enthält:
2377 Kilojoule
568 Kilokalorien
18 g Eiweiß
72 g Kohlenhydrate
5,5 anzurechnende BE
7 g Ballaststoffe
23 g Fett

Zutaten für 2 Portionen:
200 g kurze Nudeln (z. B. Penne), Jodsalz, 1 Kopf Radicchio, 2 EL Olivenöl, 2 EL Zwiebelwürfel (tiefgefroren), $1/2$ EL Knoblauchwürfel (tiefgefroren) 2 EL gehackte Walnüsse, 2 EL geriebener Parmesan

- Die Nudeln in reichlich Salzwasser garen.
- In der Zwischenzeit den Radicchio putzen und in feine Streifen schneiden.
- Öl in einer großen Deckelpfanne erhitzen, Zwiebel- und Knoblauchwürfel glasig dünsten, die Radicchiostreifen zugeben und zugedeckt 3 Minuten schmoren.
- Die Nudeln abgießen und mit dem Gemüse, Walnüssen und Parmesan in der Pfanne mischen.

Das empfehle ich Ihnen

Anstelle von Radicchio können Sie für dieses Rezept ebenso gut Rauke (Rucola) oder Chinakohl verwenden.

Nudeltopf mit Wirsing und Nüssen
(Foto rechts)

1 Portion enthält:
1965 Kilojoule
468 Kilokalorien
19 g Eiweiß
55 g Kohlenhydrate
3,5 anzurechnende BE
10 g Ballaststoffe
19 g Fett

Zutaten für 2 Portionen:
$1/2$ kleiner Wirsingkohl (etwa 400 g), 1 Beutel Nudel-Fertiggericht mit Pilzen (für 2 Portionen, 152 g, z. B. Spaghetteria), 2 EL Roggenkleie mit Oligofructose (z. B. von Diamant), 50 g Schafskäse (Feta), 2 EL gehackte Haselnusskerne

■ Einen großen Topf auf die Kochstelle setzen und schon einmal bei milder Hitze vorheizen. Den Wirsingkohl putzen und in Streifen schneiden. Den Kohl waschen und tropfnass in den heißen Topf geben. Den Deckel auflegen und den Wirsing im eigenen Saft 5 Minuten dünsten.

■ 700 ml Wasser und das Nudel-Fertiggericht zugeben und bei kleiner Hitze 5 Minuten offen garen.

■ Die Roggenkleie unterrühren und das Gericht mit Käsewürfeln und gehackten Nüssen bestreuen.

Das empfehle ich Ihnen

Diesen Nudeltopf können Sie auch mit diversen Tiefkühlgemüsen zubereiten. Geeignet sind z.B. Rosenkohl, Lauch oder Balkangemüse.

Schnelle Fleisch- und Fisch- gerichte

Auf den folgenden Seiten finden Sie Anregungen für zeitgemäß leichte Fleisch- und Fischgerichte. Achten Sie beim Kauf von Fleisch und Geflügel auf Qualität – gutes Kochen beginnt bereits mit dem Einkauf! Mindestens zweimal pro Woche sollte Seefisch auf den Tisch kommen, damit die Jodzufuhr stimmt. Zusätzlich helfen wertvolle Fettsäuren aus Lachs, Hering und Co., den Fettstoffwechsel zu entlasten.

·zept auf Seite 71

Lammkoteletts mit Artischocken

<table>
<tr><td>

1 Portion enthält:

1737 Kilojoule
415 Kilokalorien
28 g Eiweiß
23 g Kohlenhydrate
1,5 anzurechnende BE
14 g Ballaststoffe
23 g Fett

</td><td>

Zutaten für 2 Portionen:

2 Zwiebeln, 1 Dose Artischocken-herzen oder -böden (220 g Abtropf-gewicht), 1 EL Olivenöl, 4 EL Weiß-wein, 6 EL Gemüsebrühe oder -fond, 1 Zweig frischer oder $1/2$ TL getrock-neter Rosmarin, 1 TL heller Saucen-binder, 4 einfache oder 2 doppelte Lammkoteletts (500 g), Jodsalz, Pfeffer aus der Mühle, 2 Scheiben Roggenbrot

</td></tr>
</table>

- Zwiebeln schälen und in Spalten schneiden, die Artischocken in einem Sieb abtropfen lassen.
- Öl in einer Pfanne erhitzen und die Zwiebeln anbraten. Artischocken, Wein, Brühe und Rosmarin zugeben und zuge-deckt 5 Minuten schmoren. Den Saucenbinder einrühren und aufkochen.
- Eine zweite Pfanne erhitzen, während das Gemüse schmort. Die Lammkoteletts bei schwacher Hitze hineingeben, damit etwas Fett ausbrät. Dann von jeder Seite 1 Minute scharf anbraten. Herd abschalten und das Fleisch 2–3 Minuten nachgaren. Die Koteletts mit Salz und Pfeffer würzen und das sichtbare Fett abschneiden.
- Lammkoteletts und Gemüse anrichten, das Roggenbrot dazu reichen.

Das empfehle ich Ihnen

Werden die Lammkoteletts nach dieser Methode gebraten, ist kein zusätzliches Fett notwendig.

SCHNELLE FLEISCH- UND FISCHGERICHTE

Hähnchenbrust mit grünem Spargel
(Foto auf Seite 68/69)

1 Portion enthält:

1666 Kilojoule
397 Kilokalorien
21 g Eiweiß
60 g Kohlenhydrate
4 anzurechnende BE
5 g Ballaststoffe
8 g Fett

Zutaten für 2 Portionen:

125 g Basmatireis, Jodsalz, 1 Bund grüner Spargel (500 g), 1 EL Keimöl, 2 EL Zwiebelwürfel (tiefgefroren), Saft von 1 Orange, 1 TL Inulin (nach Verträglichkeit auch mehr), 1 Paket gegarte Hähnchenbrust in Scheiben (Kühltheke, 150 g; z. B. Gourmetti Filet Provence)

- Einen kleinen und einen großen Topf mit Salzwasser zum Kochen bringen.
- Den Basmatireis in den kleinen Topf geben und bei geschlossenem Deckel etwa 12 Minuten garen.
- Das untere Drittel der Spargelstangen schälen und das Gemüse in dem großen Topf etwa 8 Minuten kochen.
- In einer kleinen Pfanne das Öl erhitzen und die Zwiebeln glasig dünsten. Orangensaft und Inulin zugeben und die Hähnchenbrustscheiben darin erwärmen.
- Reis und Spargel abgießen, mit Hähnchenbrust und Orangensauce servieren.

Extra-Info

Anstelle von Basmatireis passt auch Buchweizen aus dem Vorrat (siehe Seite 88) zu diesem Gericht.

SCHNELLE FLEISCH- UND FISCHGERICHTE

Spaghetti mit Blitz-Bolognese (Foto rechts)

1 Portion enthält:

2130 Kilojoule
509 Kilokalorien
27 g Eiweiß
78 g Kohlenhydrate
5,5 anzurechnende BE
7 g Ballaststoffe
10 g Fett

Zutaten für 2 Portionen:

200 g Spaghetti (z. B. Sojaspaghetti oder Vollkornnudeln), Jodsalz, 1 EL Keimöl, 100 g Beefsteakhack (oder fein gehacktes Geflügelfleisch), 1 EL Zwiebelwürfel (tiefgefroren), 200 g fein gewürfeltes Gemüse (tiefgefroren; z. B. Bouillon-Gemüse), 1 Paket Tomatenstückchen mit Kräutern (370 g; z. B. Tomato al Gusto), $1/2$ Bund Petersilie, Cayennepfeffer

- Spaghetti nach Packungsanweisung in kochendem Salzwasser garen.
- Inzwischen das Öl in einer Pfanne erhitzen, das Hackfleisch (oder fein gehacktes Geflügelfleisch) darin scharf anbraten. Zwiebeln, Gemüse und Tomatenstückchen zugeben und zugedeckt bei mittlerer Hitze etwa 5 Minuten garen.
- In der Zwischenzeit die Petersilie waschen und hacken. Die Hacksauce mit Salz und Cayennepfeffer kräftig abschmecken und mit den Nudeln auf zwei Tellern anrichten. Mit Petersilie bestreuen.

Extra-Info

Die Sauce passt auch zu Gnocchi (aus der Kühltheke) oder zu Vollkornreis.

SCHNELLE FLEISCH- UND FISCHGERICHTE

Putenbrust mit Nusskruste

1 Portion enthält:

2668 Kilojoule
638 Kilokalorien
42 g Eiweiß
61 g Kohlenhydrate
4,5 anzurechnende BE
10 g Ballaststoffe
25 g Fett

Zutaten für 2 Portionen:

2 EL Rapsöl, 1 EL Zwiebelwürfel (tiefgefroren), $1/2$ EL Knoblauchwürfel (tiefgefroren), 300 g Spinat (tiefgekühlt in Mini-Würfeln; z. B. von Iglo), 2 dünne Scheiben Putenbrust (200 g), Jodsalz, Pfeffer aus der Mühle, 1 kleines Ei, 3 EL gemahlene Haselnüsse, 1–2 EL Zitronensaft, 1 kleines Vollkornbaguette

- 1 EL Öl in einem Topf erhitzen, Zwiebel- und Knoblauchwürfel andünsten und den Spinat zugeben. Zugedeckt 10 Minuten garen.
- Inzwischen die Putenschnitzel mit Salz und Pfeffer würzen. Das Ei mit 1 EL Wasser in einem tiefen Teller verquirlen, Haselnüsse auf einen zweiten Teller schütten. Die Putenschnitzel zuerst in Ei, dann in den gemahlenen Nüssen wenden.
- Das restliche Öl in einer beschichteten Pfanne erhitzen, die Putenschnitzel darin von jeder Seite 3–4 Minuten goldbraun braten.
- Den Spinat mit Salz, Pfeffer und Zitronensaft abschmecken und zu den Putenschnitzeln servieren. Das Baguette dazureichen.

Extra-Info

Als Beilage eignen sich auch Hirse und Buchweizen aus dem Vorrat (siehe Seite 88).

Lengfisch mit Senfsauce und Rohkost

1 Portion enthält:

1546 Kilojoule
370 Kilokalorien
34 g Eiweiß
32 g Kohlenhydrate
2 anzurechnende BE
7 g Ballaststoffe
11 g Fett

Zutaten für 2 Portionen:

300 g Kartoffeln, Jodsalz,
$1/_8$ l Gemüsebrühe oder -fond,
2 Stück Lengfischfilet (300 g),
1 große Möhre, 1 rotwangiger Apfel,
1 EL Haselnuss- oder Keimöl,
1 EL Zitronensaft, eventuell Süßstoff, 6 EL fettarme Milch, 1 EL mit-
telscharfer Senf, 2 Messlöffel pflanzliches Bindemittel (z. B. Biobin,
Nestargel), Pfeffer aus der Mühle,
1 EL Haselnussblättchen

- Kartoffeln schälen, würfeln und in Salzwasser 10 Minuten garen.
- Die Brühe in einer Deckelpfanne aufkochen, das Fischfilet darin zugedeckt etwa 6 bis 8 Minuten dünsten.
- In dieser Zeit die Möhre schälen, das Kerngehäuse aus dem Apfel schneiden, Möhre und Apfel in der Küchenmaschine grob raspeln. Mit Öl, Zitronensaft und eventuell etwas Süßstoff abschmecken.
- Den Fisch in der Pfanne an die Seite schieben, Milch, Senf und Saucenbindemittel einrühren, einmal aufkochen lassen und mit Salz und Pfeffer abschmecken.
- Die Kartoffeln abgießen und mit Fisch und Sauce auf zwei Tellern anrichten. Die Rohkost dazu servieren und mit Haselnussblättchen bestreuen.

Das empfehle ich Ihnen

Zur Abwechslung: Rohkost aus Birne und Kohlrabi zubereiten, die Sauce statt mit Senf mit Meerrettich würzen.

SCHNELLE FLEISCH- UND FISCHGERICHTE

Knusperfisch mit Gemüsereis

Zutaten für 2 Portionen:

2 EL Rapsöl, 2 Stück Rotbarschfilet (300 g), Jodsalz, Pfeffer aus der Mühle, 1 EL Zitronensaft, 2 EL Grieß, 150 g Mais (tiefgefroren oder Konserve), 1 Beutel Reisfertiggericht für Tomatenreis (155 g; z. B. Uncle Ben's), 1 Bund Frühlingszwiebeln, 2 EL Weizenkeime

▪ Das Öl in einer Deckelpfanne erhitzen. Das Fischfilet mit Salz, Pfeffer und Zitronensaft würzen. Den Grieß auf einen flachen Teller geben. Den Fisch darin wenden und ins heiße Fett legen. Deckel schließen und den Fisch etwa 2 Minuten garen. Deckel abnehmen und das Filet weitere 3 bis 4 Minuten von jeder Seite knusprig braten.

▪ Inzwischen 375 ml Wasser, Mais und die Reismischung in einem Topf aufkochen, offen 5 Minuten köcheln lassen.

▪ Frühlingszwiebeln putzen und schräg in Ringe schneiden, in den letzten 3 Minuten zum Reis geben. Am Ende der Garzeit noch die Weizenkeime unter den Reis heben.

Extra Info

Bei dieser Zubereitung gerät das Fischfilet besonders knusprig. Wichtig dabei ist, dass der Grieß beim Garen in der geschlossenen Pfanne aufquellen kann. Später beim offenen Braten bekommt die Kruste die richtige Festigkeit.

Schollenröllchen auf Zucchinigemüse

1 Portion enthält:

1848 Kilojoule
441 Kilokalorien
30 g Eiweiß
54 g Kohlenhydrate
4 anzurechnende BE
5 g Ballaststoffe
11 g Fett

Zutaten für 2 Portionen:

125 g Basmatireis, Jodsalz,
1 EL Olivenöl, 400 g Zucchini,
6 EL Gemüsebrühe oder -fond,
4 Schollenfilets (etwa 250 g),
Pfeffer aus der Mühle, 2 EL Ajvar
(Paprikazubereitung im Glas),
1 EL Schmand, 1 TL Inulin (nach
Verträglichkeit auch mehr),
1 EL Basilikum (tiefgefroren)

- $1/_4$ l Wasser mit Salz aufkochen. Den Basmatireis zugeben und zugedeckt bei schwacher Hitze 12 Minuten ausquellen lassen.
- Das Öl in einem zweiten Topf erhitzen. Die Zucchini putzen, halbieren und in dicke Scheiben schneiden. 2 Minuten im heißen Öl andünsten. Die Brühe zugeben und die Zucchini zugedeckt 5 Minuten garen.
- Die Schollenfilets mit der Hautseite nach oben auf ein Brett legen und der Länge nach halbieren. Mit Salz und Pfeffer würzen, mit Ajvar bestreichen und aufrollen.
- Schmand und Inulin unter die Zucchini rühren, die Schollenröllchen auf die Zucchini setzen und zugedeckt bei schwacher Hitze 5 Minuten im Dampf ziehen lassen.
- Den Reis abgießen, das Basilikum über Schollenröllchen und Zucchini streuen.

Extra-Info

Die Schollenröllchen müssen nicht zusammengebunden werden, wenn die Hautseite innen ist. Schollen haben eine helle und eine dunkle Seite. Die helle Haut wird mitgegart, die dunkle zieht der Fischhändler ab und Sie erkennen nur noch einen dunklen Schimmer.

SCHNELLE FLEISCH- UND FISCHGERICHTE

Desserts und Getränke

Das optimale Schnell-Dessert ist und bleibt frisches Obst! Früchte sichern den Bedarf an Vitaminen und gesunden Pflanzenstoffen. Sie liefern Ballaststoffe und reichlich Kalium, das hilft, den Blutdruck zu senken. Doch vielleicht wollen Sie auf einen süßen Nachtisch nicht ganz verzichten. Dann probieren Sie die raffinierten Desserts auf den folgenden Seiten. Sie sind köstlich leicht und im Handumdrehen zubereitet. Alkoholfreie Drinks und aromatische Milchshakes ergänzen das Angebot.

zept auf Seite 83

Himbeersorbet

1 Portion enthält:
390 Kilojoule
93 Kilokalorien
5 g Eiweiß
14 g Kohlenhydrate
0,5 anzurechnende BE
7 g Ballaststoffe
1 g Fett

Zutaten für 2 Portionen:

$1/_4$ l eiskalte Buttermilch (direkt aus dem Kühlschrank), 2 TL Fruchtzucker, 1 TL Inulin (nach Verträglichkeit auch mehr), 150 g Himbeeren (tiefgefroren)

- Buttermilch, Fruchtzucker und Inulin in ein hohes Gefäß geben.
- Einen Teil der gefrorenen Himbeeren zugeben und mit dem Schneidstab pürieren.
- Bei laufendem Pürierstab nach und nach die restlichen Himbeeren zugeben. Das Sorbet in 2 Dessertschälchen füllen und sofort servieren.

Extra-Tip

Das Sorbet gerät nur dann perfekt, wenn die Buttermilch eiskalt ist und die Himbeeren nicht angetaut sind. Geben Sie die Himbeeren nur nach und nach in die Buttermilch, sonst bildet sich ein Eisklumpen, den Sie mit dem Pürierstab nicht zerschlagen können.

DESSERTS UND GETRÄNKE

Obstsalat mit Joghurtsauce (Foto unten)

1 Portion enthält:
1007 Kilojoule
240 Kilokalorien
9 g Eiweiß
49 g Kohlenhydrate
2,5 anzurechnende BE
10 g Ballaststoffe
4 g Fett

Zutaten für 2 Portionen:

2 Pfirsiche, 100 g Himbeeren, 100 g Stachelbeeren, 1 EL Zitronensaft, 1 Banane, 1 Becher fettarmer Joghurt (150 g), 1 TL Honig, 6 EL fettarme Milch, 1 EL Weizenkeime mit Oligofructose (z. B. von Diamant), 1 EL gehackte Pistazien

■ Den Pfirsich schälen, den Stein entfernen und den Pfirsich in Spalten schneiden. Vorsichtig mit den Himbeeren und Stachelbeeren mischen, mit Zitronensaft beträufeln.

■ Die Banane schälen, mit Joghurt, Honig, Milch und Weizenkeimen pürieren und über den Obstsalat geben. Mit Pistazien bestreuen.

Extra-Info

Sie können auch Beeren-Mischungen oder Obstsalate aus der Tiefkühltruhe für dieses Rezept verwenden, wenn Sie sie rechtzeitig auftauen. Mancher Supermarkt bietet auch geputztes und geschnittenes Obst in der Kühltheke an.

DESSERTS UND GETRÄNKE

Vanille-Quark-Creme mit Kirschen

1 Portion enthält:

1109 Kilojoule
264 Kilokalorien
11 g Eiweiß
45 g Kohlenhydrate
2,5 anzurechnende BE
4 g Ballaststoffe
3 g Fett

Zutaten für 2 Portionen:

1 Scheibe Pumpernickel,
100 g Magerquark, 2 EL fettarme
Milch, 1 Becher Vanillepudding
(Kühlregal, 150 g), 1 TL Inulin
(nach Verträglichkeit auch mehr),
200 g abgetropfte Sauerkirschen
(Konserve)

Pumpernickel zerbröckeln, in einer Pfanne ohne Fett knusprig rösten und auf einen flachen Teller geben.

Quark mit Milch, Vanillepudding und Inulin verrühren.

Die Kirschen in zwei Schälchen füllen, die Quark-Creme darüber geben und mit den abgekühlten Brotbröseln bestreuen.

Das empfehle ich Ihnen

Wenn Sie dieses Dessert vorbereiten wollen, schichten Sie nur Kirschen und Quark-Creme ein. Die Brotbrösel ganz zum Schluss darüber streuen, damit sie knusprig bleiben.

Frischkäsenocken auf Pflaumensauce

1 Portion enthält:

984 Kilojoule
234 Kilokalorien
12 g Eiweiß
28 g Kohlenhydrate
2 anzurechnende BE
2 g Ballaststoffe
7 g Fett

Zutaten für 2 Portionen:

250 g Pflaumen (Konserve),
200 g körniger Frischkäse,
$^1/_2$ unbehandelte Zitrone, Süßstoff,
1 EL Haselnussblättchen

- Pflaumen abtropfen lassen, Saft auffangen und die Früchte mit dem Schneidstab fein pürieren. Mit etwas Saft verdünnen und die Sauce auf zwei flache Teller gießen.
- Frischkäse mit etwas abgeriebener Zitronenschale und 1–2 EL Zitronensaft verrühren, mit Süßstoff abschmecken.
- Mit zwei Esslöffeln Nocken aus der Frischkäsemasse abstechen und auf die Pflaumensauce setzen. Mit den Haselnussblättchen bestreuen.

Das empfehle ich Ihnen

Nach diesem Grundrezept können Sie auch aus anderen Fruchtkonserven Saucen herstellen.

Schupfnudeln mit Mohn und Erdbeeren
(Foto auf Seite 78/79)

1 Portion enthält:
1180 Kilojoule
282 Kilokalorien
6 g Eiweiß
32 g Kohlenhydrate
2,5 anzurechnende BE
6 g Ballaststoffe
14 g Fett

Zutaten für 2 Portionen:
250 g Schupfnudeln (Kühltheke),
1 EL Margarine, 1 EL ungemahlener Mohn, 1 TL Fruchtzucker,
250 g Erdbeeren, 2 EL Zitronensaft,
$1/2$ Bund Zitronenmelisse

- Schupfnudeln in der heißen Margarine von allen Seiten hellbraun braten. Mohn und Fruchtzucker zugeben und die Schupfnudeln darin wenden.
- In der Zwischenzeit die Erdbeeren waschen, eventuell halbieren, mit Zitronensaft und gewaschener, gehackter Zitronenmelisse mischen.
- Schupfnudeln und Erdbeeren auf einem Teller anrichten.

Das empfehle ich Ihnen

Zur Abwechslung die Schupfnudeln in gehackten Pistazien, Mandeln oder Haselnüssen wenden.

DESSERTS UND GETRÄNKE

Sojadrink mit Kiwi

1 Portion enthält:
427 Kilojoule
103 Kilokalorien
8 g Eiweiß
6 g Kohlenhydrate
0,5 anzurechnende BE
4 g Ballaststoffe
4 g Fett

Zutaten für 2 Portionen:
2 Kiwis, einige Blättchen Zitronenmelisse, 400 ml Sojadrink ohne
Zucker- und Salzzugabe, Süßstoff,
2 Zweige Zitronenmelisse

- Die Kiwis schälen, halbieren und grob würfeln. Zitronenmelisse waschen, trockentupfen und in Streifen schneiden.
- Sojadrink, Kiwi und Zitronenmelisse fein pürieren, mit Süßstoff abschmecken und in zwei Gläser füllen. Mit je einem Zweig Zitronenmelisse garnieren und sofort servieren.

Extra-Info

Sojadrink ohne Zucker- und Salzzugabe kann man in der kalten und warmen Küche wie Milch verwenden.

Tomaten-Cocktail

1 Portion enthält:
166 Kilojoule
41 Kilokalorien
2 g Eiweiß
6 g Kohlenhydrate
0 anzurechnende BE
1 g Ballaststoffe
0 g Fett

Zutaten für 2 Portionen:
2 Stangen Staudensellerie mit Blättchen, 2 Eiswürfel, 300 ml Tomatensaft, 2 EL Zitronensaft, Jodsalz,
Tabasco

■ Die Selleriestangen putzen. Das obere Viertel der Stangen mit den Blättchen abschneiden und zur Seite legen, den Rest in Scheiben schneiden.

■ Selleriestückchen, Eiswürfel, Tomaten- und Zitronensaft mit dem Schneidstab pürieren und mit Salz und Tabasco kräftig abschmecken. Mit den beiseite gelegten Selleriestangen garnieren.

Ist der Tomaten-Cocktail zu dickflüssig, verdünnen Sie ihn mit kaltem Mineralwasser.

Aprikosen-Bananen-Buttermilch

1 Portion enthält:
650 Kilojoule
155 Kilokalorien
5 g Eiweiß
20 g Kohlenhydrate
1 anzurechnende BE
2 g Ballaststoffe
4 g Fett

Zutaten für 2 Portionen:
2 Aprikosen, $1/2$ Banane, 400 ml Buttermilch, 1 Msp Vanille-Extrakt, Süßstoff, 1 EL fein gehackte Pistazien

■ Die Aprikosen putzen, halbieren und vom Stein lösen, die Banane schälen und in Scheiben schneiden.

■ Obststückchen und Buttermilch in ein hohes Gefäß geben und mit dem Schneidstab pürieren. Mit Vanille-Extrakt und Süßstoff abschmecken und in zwei Gläser füllen. Mit Pistazien bestreuen.

DESSERTS UND GETRÄNKE

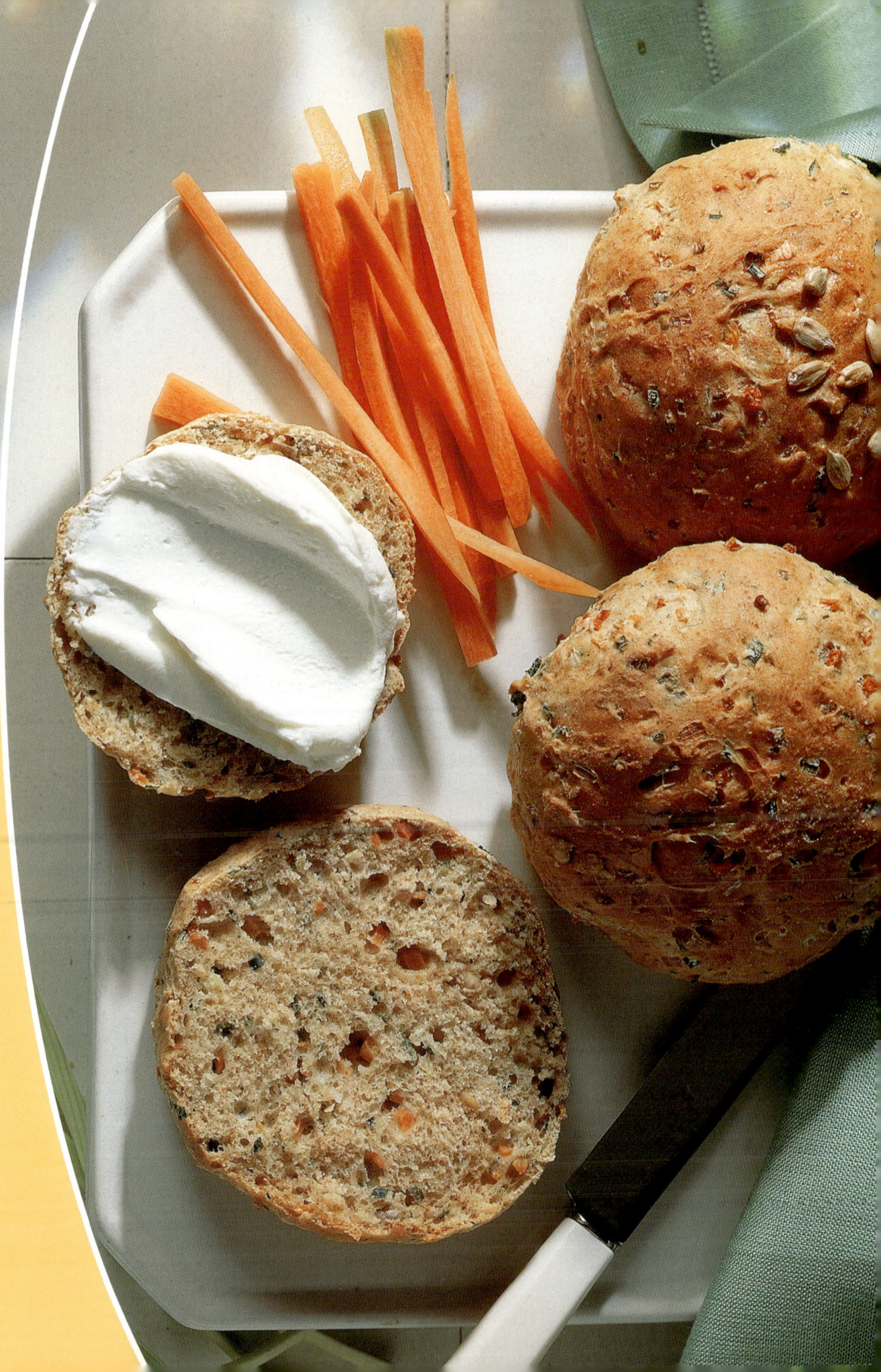

Vorräte für die schnelle Küche

Unter der Woche ist oft jede Minute ver-
plant. Und abends, nach einem langen
Arbeitstag, bleibt keine Zeit für längere
Garzeiten. Wer Freude am guten Essen
hat, nutzt zum Ausgleich das Wochenen-
de, um Vorräte für die kommende Woche
anzulegen. Auf den folgenden Seiten
finden Sie Rezepte für selbst gemachte
»Kochbeschleuniger«, die gekühlt, einge-
froren oder im Glas jederzeit zur Hand
sind und den Küchenzettel auf gesunde
Weise bereichern.

ezept auf Seite 90

Eingemachter Buchweizen

1 Portion enthält:
712 Kilojoule
170 Kilokalorien
4 g Eiweiß
36 g Kohlenhydrate
3 anzurechnende BE
5 g Ballaststoffe
1 g Fett

Zutaten für 10 Portionen:
500 g Buchweizen (ganze Körner),
Jodsalz, Gewürze nach Geschmack,
z.B. $1/2$ TL Kurkuma (Gelbwurz),
2 Lorbeerblätter, 1 Stück unbehandelte Zitronenschale oder
$1/2$ TL Thymian

Reine Zubereitungszeit: 20 Minuten

■ Die Körner in ein Sieb geben und mit kochendem Wasser überbrühen. Abtropfen lassen und in einen großen Kochtopf füllen. Mit 1,7 Liter Wasser übergießen. Salz und eventuell Gewürze zufügen.

■ Saubere Gläser mit twist-off-Deckeln (z.B. Konfitüre-, Gurken- oder Joghurtgläser) bereitstellen. Die Körner zum Kochen bringen. 15 Minuten bei milder Hitze garen.

■ Die Gläser mit kochend heißem Wasser ausspülen. Die Deckel in heißes Wasser legen. Die Körner mit Hilfe eines Einmachtrichters so in die Gläser füllen, dass sie mit Kochflüssigkeit bedeckt sind. Sofort die Gläser mit dem passenden Deckel fest zuschrauben und zum Abkühlen beiseite stellen.

■ Nach dem Erkalten überprüfen, ob sich ein Vakuum gebildet hat. Sie erkennen es am fest schließenden Deckel. Im Kühlschrank halten sich die Körner etwa 2 Wochen frisch.

Extra-Tipp

Buchweizen sollte möglichst oft auf Ihrem Speisezettel stehen: Die unscheinbaren graubraunen Körner liefern überdurchschnittlich viel Vitamin E und eine große Portion vom sonst oft knappen Spurenelement Chrom. Beide Nährstoffe sind für den Stoffwechsel von Diabetikern wichtig. Eingemachter Buchweizen eignet sich gut als Beilage zu Fleisch- und Gemüsegerichten oder als Einlage für Suppen, Eintöpfe und Aufläufe. Nach diesem Rezept können Sie auch Hirse einmachen.

VORRÄTE FÜR DIE SCHNELLE KÜCHE

Eingemachter Dinkel

1 Portion enthält:
679 Kilojoule
162 Kilokalorien
5 g Eiweiß
32 g Kohlenhydrate
2,5 anzurechnende BE
4 g Ballaststoffe
1 g Fett

Zutaten für 10 Portionen:
500 g Dinkel (ganze Körner),
Jodsalz, nach Geschmack:
$1/2$ TL Kurkuma (Gelbwurz)

Reine Zubereitungszeit: etwa 20 Minuten

- Die Körner in einen großen Kochtopf geben. Mit 1,7 Liter Wasser übergießen und über Nacht zum Quellen stehen lassen. Am nächsten Tag Salz und eventuell Kurkuma zufügen.
- Saubere Gläser mit twist-off-Deckeln bereitstellen. Die Körner zum Kochen bringen. 40 Minuten bei milder Hitze garen.
- Die Gläser mit kochend heißem Wasser ausspülen. Die Deckel in heißes Wasser legen. Die Körner mit Hilfe eines Einmachtrichters so in die Gläser füllen, dass sie mit Kochflüssigkeit bedeckt sind. Sofort die Gläser mit dem passenden Deckel fest zuschrauben und zum Abkühlen beiseite stellen.
- Nach dem Erkalten überprüfen, ob sich ein Vakuum gebildet hat. Sie erkennen es am fest schließenden Deckel. Die Gläser im Kühlschrank aufbewahren. Dort halten sie sich etwa 2 Wochen frisch.

Extra-Tipp:

Nach diesem Rezept lässt sich auch Grünkern einmachen.

VORRÄTE FÜR DIE SCHNELLE KÜCHE

Gemüse-Kräuter-Brötchen (Foto auf Seite 86/87)

1 Portion enthält:
688 Kilojoule
164 Kilokalorien
5 g Eiweiß
25 g Kohlenhydrate
2 anzurechnende BE
4 g Ballaststoffe
4 g Fett

Zutaten für 8 Stück:

125 g Möhren, 125 g Lauch, 1 Würfel Kräuterlinge (Sorte nach Wahl), $^1/_2$ Würfel frische Hefe, 2 EL Keimöl, 150 g Weizenmehl Type 1050, 150 g Weizenvollkornmehl, 2 EL Milch, 10 g Sonnenblumenkerne

Reine Zubereitungszeit: etwa 40 Minuten

- Möhren und Lauch putzen und im Blitzhacker fein zerkleinern. Kräuterlinge und Hefe in 100 ml lauwarmem Wasser auflösen.
- Beide Mehle mit der Hefe-Wasser-Mischung und dem gehackten Gemüse in eine Schüssel geben und mit dem Handrührer verkneten, bis der Teig sich vom Schüsselboden löst. Etwa 15 Minuten zum Aufgehen stehen lassen. Der Teig ist gut aufgegangen, wenn er sich etwa verdoppelt hat.
- Den Teig noch einmal durchkneten und eine lange Rolle daraus formen. Die Rolle in acht gleiche Stücke schneiden und aus jedem Stück ein rundes Brötchen formen. Auf ein mit Backpapier ausgelegtes Blech legen und weitere 10 Minuten zum Gehen stehen lassen.
- Die Brötchen mit Milch bestreichen und mit Sonnenblumenkernen bestreuen. Im vorgeheizten Backofen bei 200 °C (Gas Stufe 3, Umluft 180 °C) 25 bis 30 Minuten backen. Abkühlen lassen und in Tiefkühlbeutel verpackt einfrieren. Zum Auftauen einzeln entnehmen. Haltbarkeit etwa 6 Monate.

Geflügelfleischklößchen

<table>
<tr><td>

1 Portion enthält:
- 748 Kilojoule
- 179 Kilokalorien
- 26 g Eiweiß
- 7 g Kohlenhydrate
- 0,5 anzurechnende BE
- 2 g Ballaststoffe
- 5 g Fett

</td><td>

Zutaten für 3 Portionen:
250 g Putenschnitzel oder Hähnchenfilet, 2 Zwiebeln, 1 Knoblauchzehe, 2 EL Haferflocken, 75 g Quark (Magerstufe), 1 EL Sojamehl (entfettet), Jodsalz, Pfeffer, 1 EL Keimöl

</td></tr>
</table>

Reine Zubereitungszeit: etwa 30 Minuten

- Das Fleisch würfeln und im Blitzhacker oder im Fleischwolf fein zerkleinern. Zwiebeln und Knoblauch schälen. Zwiebeln fein würfeln, Knoblauch durch die Presse drücken.
- Das Fleisch mit Zwiebeln, Knoblauch, Haferflocken, Quark und Sojamehl in eine Schüssel geben. Mit einer Gabel durchmischen und mit Salz und Pfeffer kräftig würzen.
- Aus dem Teig walnussgroße Klößchen formen und in heißem Öl in einer beschichteten Pfanne rundherum braun braten. Das dauert etwa 10 Minuten.
- Die Klößchen abkühlen lassen und portionsweise in Tiefkühlbeutel oder -dosen verpackt einfrieren. Haltbarkeit etwa 3 Monate.

Extra-Tipp:

Die fettarmen Fleischklößchen sind eine ideale Ergänzung zu Nudelgerichten, Suppen, Eintöpfen und Aufläufen. Entweder im Gericht auftauen lassen oder kurz in der Mikrowelle auftauen und erwärmen.

VORRÄTE FÜR DIE SCHNELLE KÜCHE

Apfelmus

1 Portion enthält:
405 Kilojoule
97 Kilokalorien
0 g Eiweiß
21 g Kohlenhydrate
1,5 anzurechnende BE
3 g Ballaststoffe
1 g Fett

Zutaten für etwa 12 Portionen:

1 Zitrone oder 1 Löffelspitze Ascorbinsäure (Vitamin C in Pulverform aus Apotheke oder Drogeriemarkt), 2 kg Äpfel (z. B. Boskop, Jonagold oder spezielle Kochäpfel), 2 EL Einmachzucker 3 : 1 (Gelierzucker), flüssiger Süßstoff

Reine Zubereitungszeit: etwa 20 Minuten

- Zitronensaft oder Ascorbinsäure mit $1/4$ l Wasser in eine Schüssel geben. Die Äpfel vierteln, schälen und entkernen. Die jeweils fertigen Stücke in die Schüssel geben und im Wasser wenden, damit sie nicht braun werden.
- Die Äpfel mit dem Wasser und dem Einmachzucker in einen Topf geben und zum Kochen bringen. Bei schwacher Hitze im geschlossenen Topf garen, bis die Äpfel weich sind. Mit einem Pürierstab fein zerkleinern, eventuell mit Süßstoff abschmecken und das Mus noch einmal kurz erhitzen.
- Saubere, heiß ausgespülte Twist-off-Gläser (z.B. von Konfitüre oder Gurken) mit dem kochend heißen Apfelmus bis kurz unter den Rand füllen. Den Deckel fest zuschrauben. Abkühlen lassen und am nächsten Tag überprüfen, ob die Gläser dicht sind.
- Die Gläser kühl aufbewahren, am besten im Kühlschrank. Das Apfelmus hält sich etwa 3 Monate.

Rote Grütze für den Vorrat

<table>
<tr><td>

1 Portion enthält:

387 Kilojoule
92 Kilokalorien
2 g Eiweiß
18 g Kohlenhydrate
1,5 anzurechnende BE
8 g Ballaststoffe
1 g Fett

</td><td>

Zutaten für 4 Portionen:

600 g frische Beeren der Saison
(z. B. Himbeeren, Johannisbeeren,
Brombeeren, Kirschen oder Stachel-
beeren), 100 ml Kirsch- oder Johan-
nisbeer-Nektar, flüssiger Süßstoff,
25 g Mondamin

</td></tr>
</table>

Reine Zubereitungszeit: etwa 25 Minuten

- Die Früchte waschen, Stiele und Blütenansätze entfernen. Mit dem Fruchtnektar in einem Topf zum Kochen bringen. Bei schwacher Hitze etwa 3 Minuten garen.
- Die Früchte mit einem Pürierstab fein zerkleinern und durch ein Sieb streichen. Das Fruchtmus abkühlen lassen und einfrieren. Haltbarkeit etwa 6 Monate.
- Bei Gebrauch das Fruchtmus auftauen lassen und erhitzen. Mondamin mit 2 EL Wasser glatt rühren. Unter das Fruchtmus mischen und unter Rühren aufkochen. Zum Abkühlen in eine Schüssel gießen.

Das empfehle ich Ihnen

Lauwarm oder gekühlt mit Milch oder Vanillesauce servieren.

VORRÄTE FÜR DIE SCHNELLE KÜCHE

Verzeichnis der Rezepte

Für mich!

So lebe ich besser!

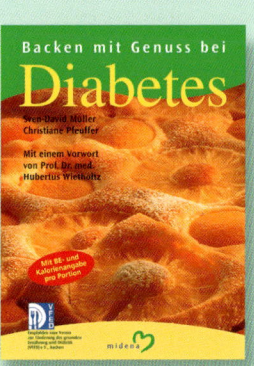

Backen mit Genuss bei
Diabetes

ISBN 3-310-00586-0

- Das große Diabetes-Lexikon: 600 wertvolle Tipps und echte Hilfen für Betroffene

Prof. Dr. Ernst Froesch
Elisabetta Matelli

Diabetes
600 Fragen - 600 Antworten

Patient und Arzt
im Dialog

midena

ISBN 3-310-00736-7

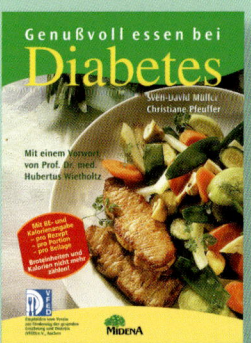

Genußvoll essen bei
Diabetes

ISBN 3-310-00452-x

- Trotz Diabetes genießen: Leckere Rezepte zum Schlemmen und Verwöhnen

midena
Für mich!

Die Autorin

Elisabeth Lange hat Ernährungswissenschaften studiert (Diplom Oekotropholo-gin). Sie lebt als freie Autorin in Hamburg und hat sich auf wissenschaftlich fundierte Ernährungsratgeber, vor allem zum Thema Diabetes spezialisiert.
Rezeptentwicklung und Nährwertberechnungen: Astrid Büscher

Wichtiger Hinweis

Die im Buch veröffentlichten Ratschläge wurden mit größter Sorgfalt von Verfasserin und Verlag erarbeitet und geprüft. Eine Garantie kann jedoch nicht übernommen werden. Ebenso ist eine Haftung der Verfasserin bzw. des Verlages und seiner Beauftragten für Personen-, Sach- oder Vermögensschäden ausgeschlossen.

Bildnachweis

Umschlagvorderseite: new wave Studio
Umschlagrückseite: Brigitte Sporrer und Alena Hrbkova
Fotos: Bavaria/VCL S.4
Food-Fotos: Knorr S. 35, 45, 53, 73 und 86; alle übrigen von Brigitte Sporrer und Alena Hrbkova
Foodstyling: für die Fotos auf S. 30, 38, 48, 58, 63, 67, 68, 73, 78, 81 von Marek Všetečka

Die Deutsche Bibliothek – CIP-Einheitsaufnahme

Ein Titeldatensatz für diese Publikation ist bei Der Deutschen Bibliothek erhältlich.

Impressum

Midena Verlag, München
© 2001 Weltbild Ratgeber Verlage GmbH & Co. KG

Projektleitung: Dr. Silke Bromm
Redaktion: Dorit Zimmermann, München
Herstellung: Ina Hochbach
Bildredaktion: Doris Huber
Satz: satz-studio gmbh, Bäumenheim
Printed in Italy

ISBN 3-310-00751-0